Vanessa Christenson

Ganz einfach nähen
Mode- und Wohnaccessoires

OZ creativ

Inhalt

Einführung

Dinge aufzuhübschen, ist eine Leidenschaft von mir und der Grund für meinen Entschluss, dieses Buch zu schreiben. Ein schlichtes Kissen oder eine einfache Handtasche sind keine Kunst, doch warum setzen Sie nicht einmal eine Rüsche hierhin, eine Falte dorthin? So wird das Teil weitaus ansprechender und wächst sofort ans Herz. Bei mir zu Hause liebe ich klare Linien, darüber hinaus aber auch Textur und einige weichere Linien. Durch Stoffmanipulation Abwechslung in die Textur zu bringen, ist eine aufregende und vergnügliche Möglichkeit, schöne Dinge zu kreieren, die man gerne um sich hat – oder gerne an besondere Menschen verschenkt.

In diesem Buch finden Sie eine Auswahl von Modellen, die auf kreativen Techniken mit Stoff basieren. Der erste Teil konzentriert sich auf das Verzieren der verschiedensten Arbeiten mit Rüschen. Sie werden feststellen, dass mir Kissen und Blüten besonders lieb sind. Eines meiner Lieblingsmodelle ist das Zuckergusskissen (Seite 9). Während dieser Arbeit kam mir die zündende Idee für weitere Rüschenmodelle. Im zweiten und dritten Teil erläutere ich, wie man Stoff zwirbelt und kräuselt, um ein Armband, einen Wasserfallschal, einen Quilt mit einer Umrandung mit feiner Knitteroptik und vieles mehr herzustellen. Im letzten Teil sehen Sie, wie ich mit Falten einige meiner Lieblingsstücke, wie eine praktische Tragetasche, ein modernes Kissen und einen Rock, den ich für meine Tochter genäht habe, aufwerte.

Ich bin Mutter von vier Kindern und weiß, was es heißt, wenig Zeit und Geld zu haben. Deshalb sind die meisten Modelle in diesem Buch schnell und leicht umzusetzen und stets kostenbewusst gestaltet. Ich hoffe, dass Sie, wenn Sie dieses Buch in die Hände bekommen, inspiriert werden, (wenn Ihre Kinder schlafen oder in der Schule sind) etwas zu kreieren, das Sie glücklich macht – und Sie finanziell nicht ruinieren wird. *Mich* macht es glücklich, die Modelle für Sie zu entwerfen. Lassen Sie uns also gleich beginnen!

Rüschen

Zuckergusskissen

Fertigmaß: 14" x 14" (35,5 x 35,5 cm)

Dieses Rüschenkissen ist eines meiner ersten selbst genähten Zierkissen fürs „Mädchenbett" meiner Tochter – und immer noch eines meiner Lieblingsstücke. Es verleiht dem Bett jeder jungen Dame eine frische Girly-Note.

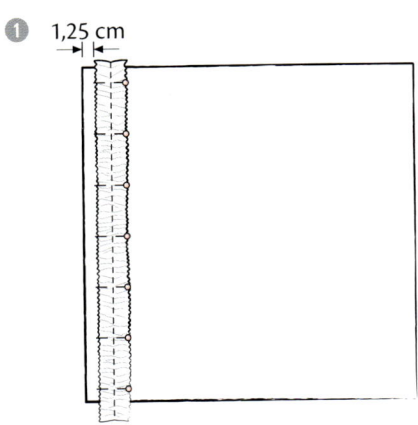

1,25 cm

Material

Bei einer Stoffbreite von 42" (110 cm):

1 Yard (100 cm) Baumwollstoff
Zickzack-Rollschneider, Schneidematte und Lineal
    (oder Zackenschere)
Auswaschbarer Stoffmarkierstift
Polyesterkügelchen oder Füllfasern, 450 g

Zuschneiden

Aus dem Baumwollstoff:
2 Quadrate, 14½" x 14½" (36,5 x 36,5 cm)
9 Streifen, 1½" x 42" (3,75 x 106,5 cm), mit dem Zickzack-
    Rollschneider oder der Zackenschere zuschneiden*

*Wollen Sie die Streifen mit dem Zickzack-Rollschneider schneiden, so begradigen Sie die Stoffkante zunächst mit dem Rollschneider. Dann 1½" (3,75 cm) von der Schnittkante aus messen und die Streifen schneiden. Wer mit der Zackenschere schneiden möchte, misst 1½" (3,75 cm) breite Streifen ab, markiert diese mit einem auswaschbaren Stoffmarkierstift und schneidet auf den Markierungslinien.

Das Kissen nähen

Mit ¼" (0,6 cm) Nahtzugabe arbeiten.

1. Auf der Nähmaschine die größte Stichlänge einstellen (Heftstich). Jeden Streifen von oben bis unten entlang der Mitte nähen und kräuseln. Dazu den Oberfaden in Garnrollennähe mit Daumen und Zeigefinger festhalten, um die Fadenspannung zu erhöhen. Siehe „Mit der Maschine rüschen und kräuseln" (Seite 91).

2. ½" (1,25 cm) von der linken Stoffkante entfernt eine Rüsche auf die rechte Seite eines der Stoffquadrate stecken. Die Rüschenenden ragen über die Ober- und Unterkante des Quadrats hinaus und dürfen jetzt noch nicht zurückgeschnitten werden. ❶

3. Die übrigen Rüschen so auf das Quadrat stecken, dass sich ihre Seitenkanten berühren. Jede Rüsche mit normaler Stichlänge auf der Kräuselnaht durch beide Stofflagen festnähen. Die Rüschenenden zurückschneiden. ❷

4. Das zweite Quadrat rechts auf rechts mit dem Rüschen-Quadrat zusammenstecken. Ringsum bis auf eine 4" (10 cm) breite, zu den Streifen parallel verlaufende Öffnung zusammennähen. ❸

5. Das Kissen verstürzen und füllen. Die Öffnung von Hand mit Leiterstich schließen (Seite 91).

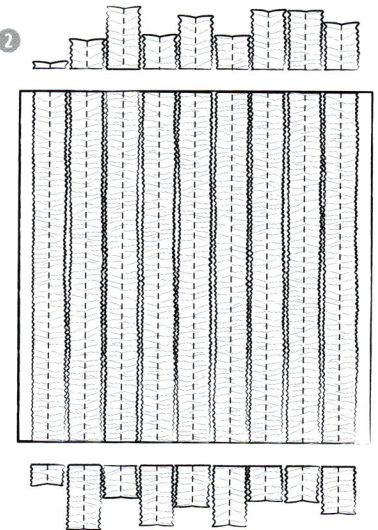

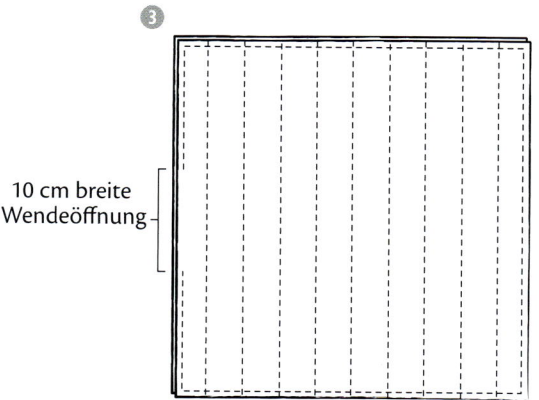

10 cm breite Wendeöffnung

Wasserfallschal

Fertigmaß: ca. 8" x 60" (20 x 152 cm)

Dieser Schal ist ein stylishes Accessoire in jedem Kleiderschrank. Ganz besonders mag ich den Fall der Rüschen, der mich an eine Kaskade erinnert. Die Rüschen entstehen dadurch, dass man in der Spule Elastikgarn und als Oberfaden zum Stoff farblich passendes Nähgarn verwendet.

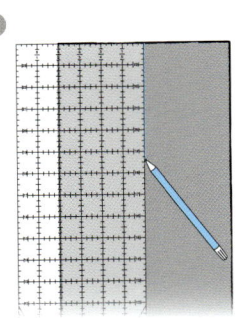

Material

½ Yard (50 cm) Jersey (leichte Maschenware), 60" (155 cm) breit
⅛" (12 cm) Baumwollstoff, 42" (110 cm) breit, in einem farblich passenden oder auf den Jersey abgestimmten Farbton
Auswaschbarer Stoffmarkierstift
Elastikgarn
Schrägbandformer (25 mm)

Zuschneiden

Aus dem Jersey:
2 Streifen, 8" x 60" (20 x 152 cm)

Aus dem Baumwollstoff:
2 Streifen, 1" x 42" (2,5 x 106,5 cm)

Den Schal nähen

Mit ¼" (0,6 cm) Nahtzugabe arbeiten, sofern nicht anders angegeben.

1. Die beiden 8" x 60" (20 x 152 cm) großen Jerseystreifen an den Schmalseiten rechts auf rechts zusammennähen. Die Nahtzugaben auseinanderbügeln.
2. Auf der linken Seite die Streifenmitte von oben bis unten mit einem auswaschbaren Stoffmarkierstift markieren. ❶
3. Das Elastikgarn von Hand oder maschinell auf eine Spule wickeln. Sie müssen das Elastikgarn relativ straff aufwickeln, was von Hand leicht möglich ist. Spult man maschinell, hält man den Oberfaden in Garnrollennähe mit Daumen und Zeigefinger fest, um die Fadenspannung zu erhöhen.

4. Auf der Nähmaschine die größte Stichlänge einstellen (Heftstich). Den Stoff mit der linken Seite nach oben legen und beidseits der Markierungslinie im Abstand von ⅛" bis ¼" (0,3 bis 0,6 cm) eine Kräuselnaht nähen. Siehe „Mit der Maschine rüschen und kräuseln" (Seite 91). ❷

5. Nun wieder normales Nähgarn als Unterfaden verwenden. Die beiden Baumwollstreifen an den Schmalseiten zu einem langen Streifen zusammennähen. Die Nahtzugaben auseinanderbügeln. Mit dem Schrägbandformer lt. Herstellerangaben Schrägstreifen anfertigen. Den Schrägstreifen glatt bügeln. ❸

6. Das Schrägband so auf die rechte Seite des gerüschten Jerseystreifens legen, dass es das Elastikgarn verdeckt. Stecken und dicht neben beiden Falzen nähen. ❹

7. Überstehendes Schrägband oben und unten bis auf ein je 1" (2,5 cm) langes Ende zurückschneiden. Die beiden Enden zur linken Seite falten, dabei die Schnittkante einschlagen. Bügeln. Von Hand festnähen. ❺

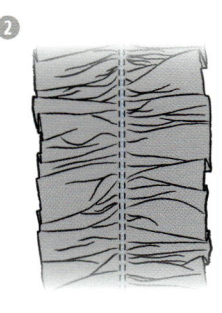

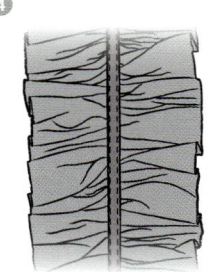

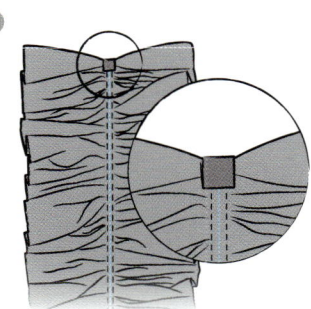

Dekorative Hängekugeln

Fertigmaß: Kugeln mit ø 5" (12,5) und ø 7" (17,5 cm)

Diese Kugeln habe ich für eine Hochzeit entworfen. Doch was hindert Sie daran, ein Mädchenzimmer damit zu dekorieren oder mit Kugeln in bunten Sommerfarben ein stimmungsvolles Ambiente für die Gartenparty zu schaffen?

Material

Bei einer Stoffbreite von 60" (155 cm):

1⅜ Yards (135 cm) Jersey (leichte Maschenware)
 pro 6"- (15-cm-)Styroporball
⅞ Yard (85 cm) Jersey pro 4"- (10-cm-)Styroporball
4"- und 6"- (10- und 15-cm-)Styroporbälle*
Heißklebepistole und Klebesticks
Sekundenkleber
Ca. 1¼ Yards (125 cm) farblich passendes Band,
 ⅞" (2 cm) breit, pro Ball

*In der Regel sind 4"- (10-cm-)Styroporbälle
in 6er-Packungen und 6"- (15-cm-)Styroporbälle
im Doppelpack erhältlich.*

Zuschneiden

1. Den Stoff der Länge nach zur Hälfte falten. Die Webkanten abschneiden.
2. Für jeden 6"- (15-cm-)Ball 46 Streifen von je 1" x 60" (2,5 x 152 cm) und für jeden 4"- (10-cm-)Ball 30 Streifen von je 1" x 60" (2,5 x 152 cm) schneiden.
3. Für beide Größen jeden Streifen halbieren, sodass zwei 30" (76 cm) lange Streifen entstehen.

Die Kugeln anfertigen

Mit ¼" (0,6 cm) Nahtzugabe arbeiten.

1. Auf der Nähmaschine die größte Stichlänge einstellen (Heftstich). Jeden Streifen entlang einer Längskante kräuseln. Siehe „Mit der Maschine rüschen und kräuseln" (Seite 91). Die gerüschten Streifen rollen sich ein. ❶

2. Einen gerüschten Streifen entlang der Kräuselkante zu einer Blüte aufrollen. Die Fadenenden abschneiden. Auf das Streifenende Heißkleber tupfen und die Blüte zusammenkleben. Aus den restlichen Streifen in der gleichen Weise Blüten formen. ❷

Hier Kleber auftragen.

3. Auf die Blüten-Rückseite Heißkleber auftragen und die Blüte auf die Kugel kleben. ❸

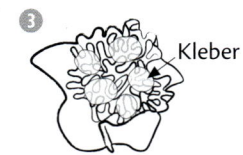

Kleber

4. Weitere Blüten genauso fertigen und mit aneinanderstoßenden Oberkanten lückenlos auf die Kugel kleben, bis eine Kugelhälfte mit Blüten beklebt ist.

5. Ein Stück Band in der gewünschten Länge zuschneiden. Sekundenkleber auf das Bandende tupfen und mit drei bis vier Stecknadeln auf die Kugel stecken. Trocknen lassen. Dann weiteren Kleber oben auf das Band auftragen. ❹

6. Ist der Kleber getrocknet und das Band befestigt, bekleben Sie auch die noch freie Kugelhälfte mit Blüten.

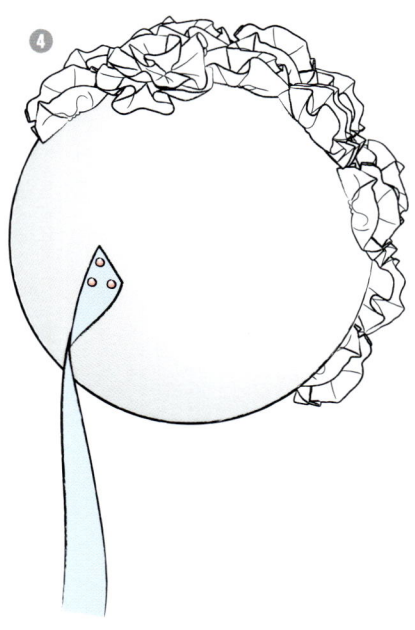

Frühlingsblumenkranz

Fertigmaß: 13" (33 cm) breit

Dieser Kranz erfordert etwas Zeit und eine Menge Heißkleber, doch das Ergebnis ist fantastisch. An der Haustür angebracht, heißt er Gäste willkommen und vor einem Spiegel oder Schrank hängend, erhöht er in jedem Raum den Wow-Effekt.

Material

Bei einer Stoffbreite von 58"–66" (150–170 cm):

2¼ Yards (225 cm) Jersey (leichte Maschenware) in Gold
12"- (30,5-cm-)Styroporkranz
Heißklebepistole und Klebesticks
Falls gewünscht: ein 3" x 18" (7,5 x 45,5 cm) großer Baumwoll- oder Jerseystreifen zum Aufhängen

Zuschneiden

1. Den Stoff der Länge nach zur Hälfte falten, um ihn leichter schneiden zu können. Die Webkanten abschneiden.
2. Den Stoff quer in 66 Streifen von je 1" (2,5 cm) schneiden. Die Streifen halbieren, sodass 132 Streifen entstehen.

Die Blüten anfertigen

Mit ¼" (0,6 cm) Nahtzugabe arbeiten.

1. Auf der Nähmaschine die größte Stichlänge einstellen (Heftstich). Jeden Streifen entlang einer Längskante kräuseln. Siehe „Mit der Maschine rüschen und kräuseln" (Seite 91). Die gerüschten Streifen rollen sich ein. ❶
2. Einen gerüschten Streifen entlang der Kräuselkante zu einer Blüte aufrollen. Die Fadenenden abschneiden. Auf das Streifenende Heißkleber tupfen und die Blüte zusammenkleben. Aus den restlichen Streifen in der gleichen Weise Blüten formen. ❷

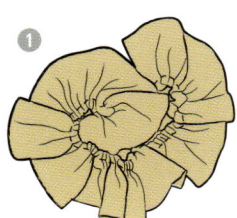

Hier Kleber auftragen.

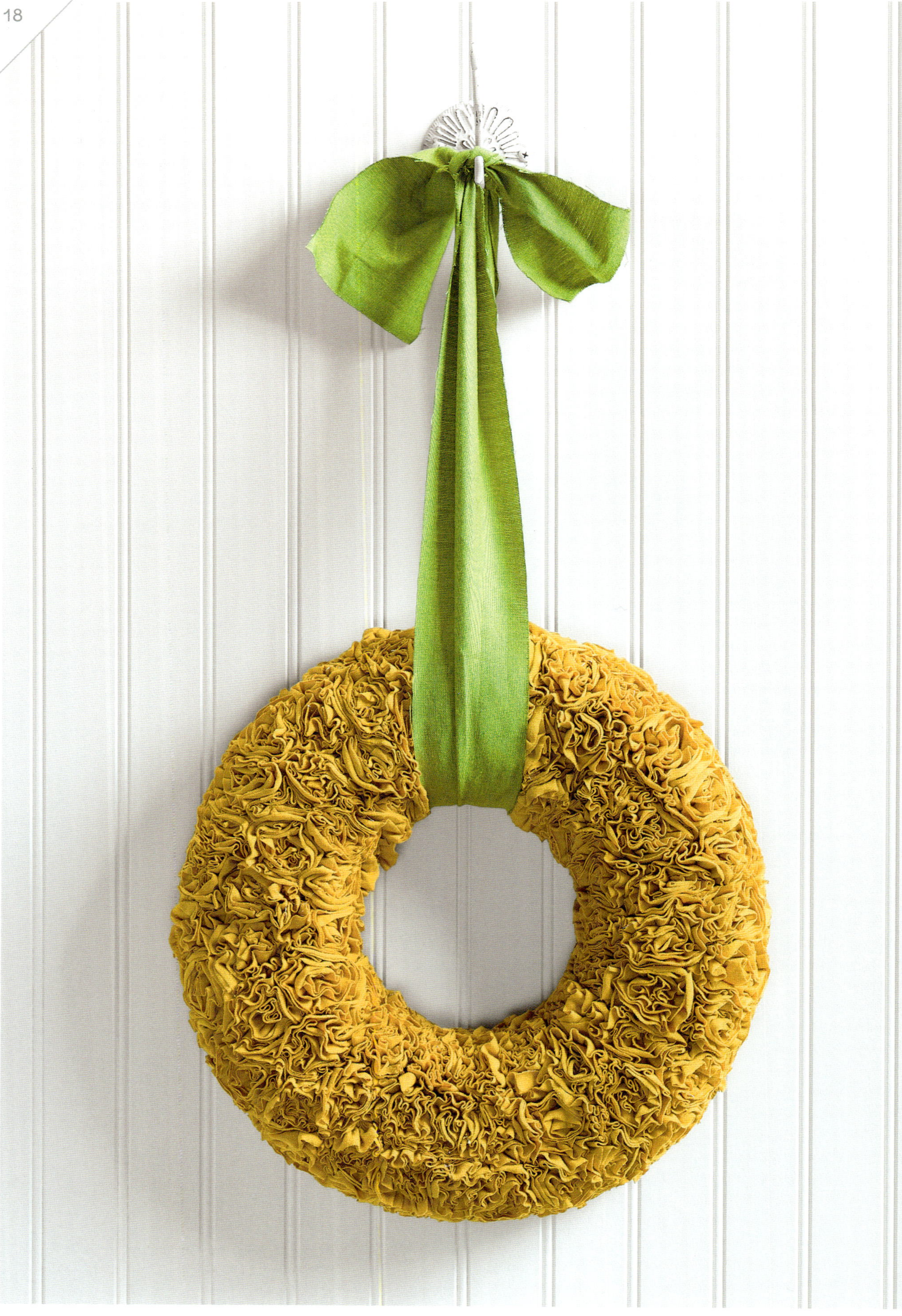

3. Auf die gesamte Rückseite einer Blüte Heißkleber auftragen und an der Unterkante, an der die Wölbung auf die flache Rückseite trifft, auf den Styroporkranz kleben. ❸

4. Eine weitere Blüte so neben die erste kleben, dass ihre Kanten aneinanderstoßen. ❹

5. Eine dritte Blüte in die Lücke vor die ersten beiden Blüten kleben. ❺

6. In dieser Weise weitere Blüten auf den Kranz kleben, bis der weiße Untergrund nicht mehr sichtbar ist. ❻

7. Falls gewünscht: Den Jersey-Stoffstreifen durch den Kranz schlingen und zum Aufhängen zu einer Schleife binden.

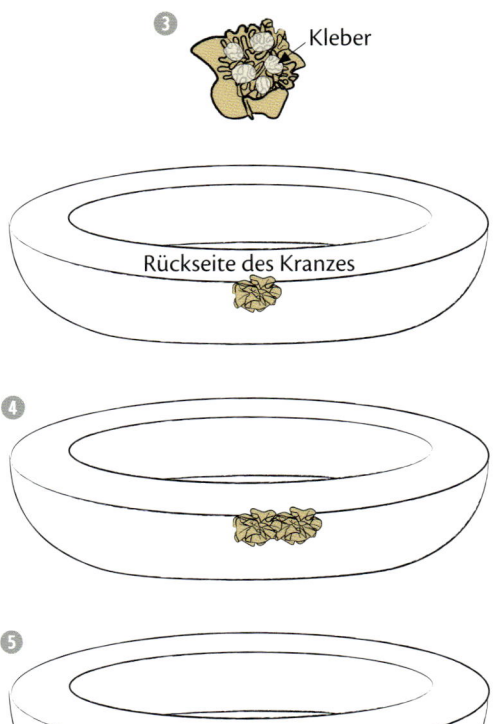

❸ Kleber

Rückseite des Kranzes

❹

❺

❻

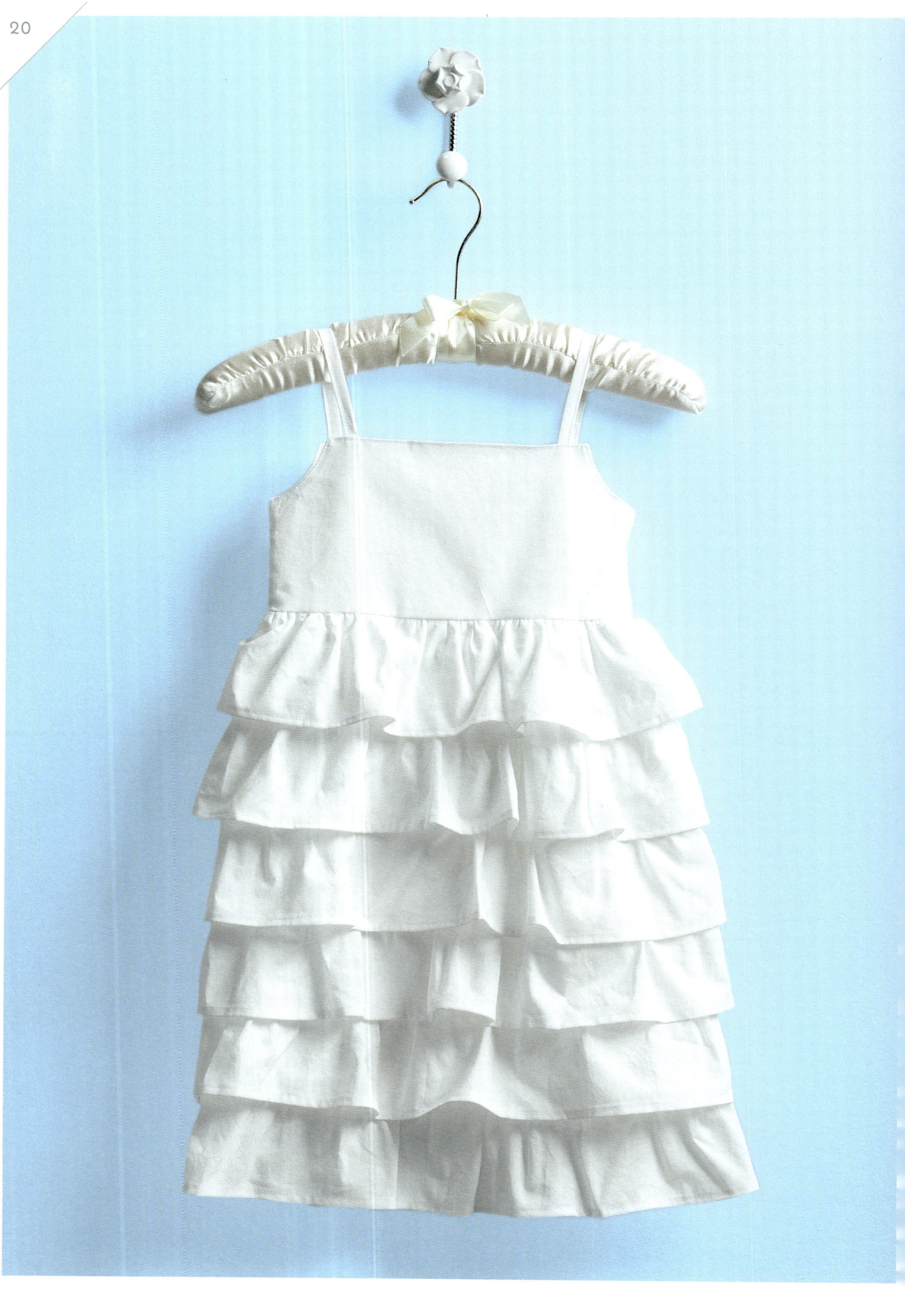

Bildhübsches Kleidchen

Größe: 104 (für 4- bis 5-jährige Mädchen, Schnitt kann angepasst werden)

Dieses Kleidchen ist für ein kleines adrettes und niedliches Mächen gedacht. Bestimmt wird es eins ihrer Lieblingsstücke – perfekt für den Sommer. Wenn's kühler ist, stylt man ein Strickjäckchen dazu.

Material

Bei einer Stoffbreite von 42" (110 cm):

2¾ Yards (275 cm) weißer Baumwollstoff (Kleid)*

2" (5 cm) Gummiband, ⅛" (0,3 cm) breit (Knopfschlaufe)

CD als Armausschnittschablone

Auswaschbarer Stoffmarkierstift

Kleiner Knopf

Das Modell entspricht Größe 104. Zur Berechnung der Stoffmenge für andere Größen siehe „Maßnehmen für ein maßgeschneidertes Modell" (unten).

Zuschneiden

Aus dem weißen Baumwollstoff:

2 Teile à vordere Oberteilbreite x Rückenlänge

2 Teile à rückwärtige Oberteilbreite x Rückenlänge

1 Teil à Rockbreite x Rocklänge

2 Streifen, 1½" x 12" (3,75 x 30,5 cm) (Träger)

5 Streifen, 4½" (11,5 cm) x Rockbreite + 10" (25 cm)*

Bei einem größeren Kleid sind evtl. zusätzliche Volantstreifen nötig.

Maßnehmen für ein maßgeschneidertes Modell

Für den richtigen Sitz des fertigen Kleids benötigen Sie folgende Maße:

- **Oberteilbreite.** Legen Sie das Maßband um Brust und Rücken. Teilen Sie das Maß durch 2 und fügen Sie 1" (2,5 cm) zur *vorderen Oberteilbreite* und 1½" (3,75 cm) zur *rückwärtigen Oberteilbreite* hinzu.
- **Oberteillänge.** Messen Sie 2" (5 cm) ab der Achselhöhle (an der die Rundung beginnt) bis zur gewünschten *Oberteillänge* und fügen Sie ½" (1,25 cm) für zwei Nahtzugaben hinzu. Bei einer Empiretaille befindet sich die Oberteilunterkante 2" (5 cm) unterhalb der Achselhöhle bei einer Gesamtoberteillänge von 4½" (11,5 cm).
- **Rockbreite.** Messen Sie an der breitesten Stelle der Hüften und fügen Sie 10" (25 cm) hinzu.
- **Rocklänge.** Messen Sie von der gewünschten Oberteilunterkante bis zur gewünschten *Rocklänge*, z. B. von der Taille bis zum Knie, und fügen Sie 1" (2,5 cm) hinzu.

Addieren Sie die Oberteil- und Rocklänge + 22½" (57,5 cm) für fünf Volants (für jeden zusätzlichen Volant rechnen Sie 4½" (11,5 cm) hinzu). Fügen Sie zu dieser Summe 10 % hinzu, dividieren Sie durch 36 und runden Sie auf das nächste ¼ Yard (25 cm) auf, um die erforderliche Stoffmenge zu erhalten.

Vorderes und rückwärtiges Oberteil nähen

Mit ¼" (0,6 cm) Nahtzugabe arbeiten, sofern nicht anders angegeben.

1. Beide rückwärtigen Oberteile quer zur Hälfte falten und für die rückwärtige Mittelnaht in der Mitte durchschneiden. Zwei der rückwärtigen Oberteile an den entstandenen Schnittkanten rechts auf rechts stecken. Das Gummi für die Knopfschlaufe doppelt legen und ½" (1,25 cm) unterhalb der Oberkanten zwischen beide Stofflagen schieben, sodass die Schlaufe nach innen zeigt und die Enden außen herausragen. Stecken. Von der Oberkante wie abgebildet bis zum Mittelpunkt steppen, dabei die Gummibandenden zwischenfassen. ❶

2. Die beiden anderen rückwärtigen Oberteile genauso (jedoch ohne Gummiband) bis zum selben Punkt zusammennähen. Die Nahtzugaben bis zu diesem Punkt auseinanderbügeln.

3. Die rückwärtigen Oberteile an den Schnittkanten rechts auf rechts zusammenstecken. Die Nähte separat nähen und an den Mittelpunkten verriegeln. Die Nahtzugaben auseinanderbügeln. ❷

4. Das rückwärtige Oberteil auf rechts wenden und die Nähte glatt bügeln. Fertig ist nun ein gefüttertes rückwärtiges Oberteil mit Halsausschnittöffnung und Knopfschlaufe. ❸

5. Die beiden rechteckigen Teile des vorderen Oberteils rechts auf rechts aufeinanderlegen und mithilfe einer CD wie abgebildet die Armausschnittrundungen markieren. Das Armloch entlang der Kontur ausschneiden. ❹

6. Die Armlochkanten entlang der Rundungen zusammennähen. ❺

7. Die rückwärtigen Oberteile auf links wenden, die Armlochrundungen wie zuvor markieren, ausschneiden und nähen.

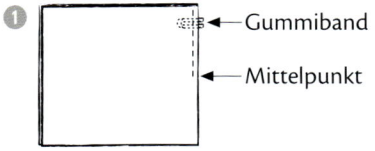

Gummiband

Mittelpunkt

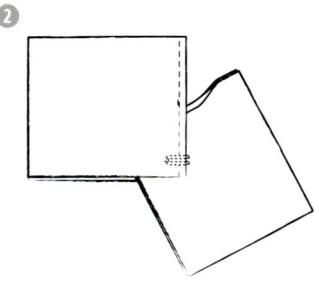

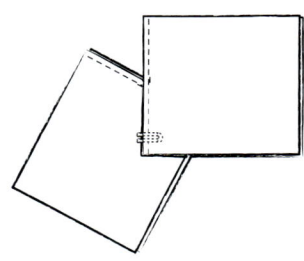

Rückwärtiges Oberteil

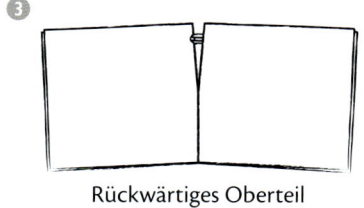

5 cm

5 cm

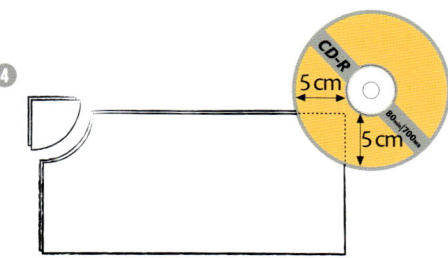

8. Den Knopf von Hand ½" (1,25 cm) unterhalb der Oberkante gegenüber der Knopfschlaufe an das rückwärtige Oberteil nähen.

Die Träger annähen

1. Die Träger falten, bügeln und beidseitig knappkantig absteppen (siehe Seite 93).

2. Im Brustbereich ab 2" (5 cm) oberhalb der Achselhöhle über die Schulter bis 2" (5 cm) oberhalb der Achselhöhle im Rücken messen. 1" (2,5 cm) hinzufügen und die Träger auf diese Länge zuschneiden.

3. Die Träger so zwischen die Lagen des Vorderteils schieben, dass die Trägerenden ¼" (0,6 cm) oberhalb der Oberteiloberkante und ca. ½" (1,25 cm) neben den Armlochnähten liegen. Die Lagen mitsamt den Trägern zusammenstecken. ❻

4. Die Vorderteiloberkante nähen, dabei über den Trägern zur Verstärkung Rückwärtsstiche nähen. Das Oberteil auf rechts wenden und bügeln.

5. Das Vorderteil und das noch nicht gewendete Rückteil mit der Außenseite nach oben wie abgebildet hinlegen. Die Trägerenden, wie in Punkt 3 beschrieben, zwischen die Lagen des Rückteils schieben. Die Oberkanten zusammennähen, das Teil auf rechts wenden und bügeln. ❼

Tipp: Wenn Sie für das Futter des Oberteils einen anderen Stoff als für das Kleid verwenden, müssen Sie darauf achten, dass der *Futterstoff* von Vorder- und Rückteil jeweils nach unten zeigt, auch wenn das Vorderteil gewendet und das Rückteil noch nicht gewendet ist.

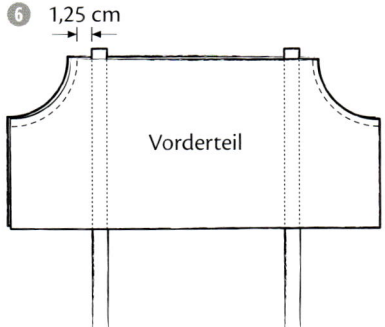

❻ 1,25 cm

Vorderteil

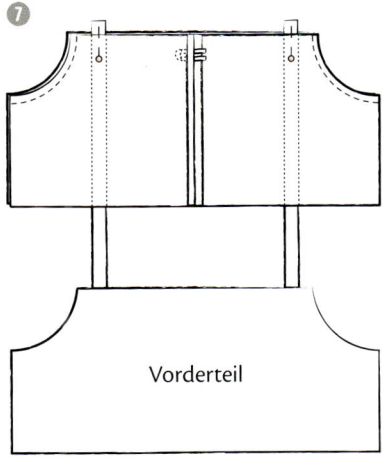

❼

Vorderteil

Das Oberteil fertigstellen

1. Vorder- und Rückteil an einer Seite auseinanderfalten und die Teile rechts auf rechts so zusammenstecken, dass die Nähte aufeinanderliegen; nähen. Die Nahtzugaben auseinanderbügeln. An der gegenüberliegenden Seitennaht in der gleichen Weise arbeiten. ⑧

2. Das fertige Oberteil bügeln und die Armlochrundungen, die Kanten der hinteren Öffnung und die Oberkanten ¼" (0,6 cm) entlang der Kante absteppen (Seite 93).

Den Rock nähen

1. Das Rockteil entlang der Schmalseiten rechts auf rechts zu einer Röhre zusammennähen. Die Nahtzugaben auseinanderbügeln. Um die Volants gleichmäßig annähen zu können, die Oberkante in Viertel falten und mit je 1 Stecknadel oder einem auswaschbaren Stoffmarkierstift markieren.

Tipp: Hat Ihr Stoff eine bestimmte Musterrichtung (Seite 90), ist es nun an der Zeit zu entscheiden, welche Kante die Rockoberkante sein soll.

2. Den Stoff an der Unterkante ¼" (0,6 cm) zur linken Seite bügeln. Den Vorgang wiederholen, sodass ein doppelter Saum entsteht; nähen. Den Rock auf rechts wenden.

Die Volants annähen

1. Einen 4½" (11,5 cm) breiten Volantstreifen an den Schmalseiten rechts auf rechts zu einem Schlauch zusammennähen. Die Nahtzugaben auseinanderbügeln.

2. An der unteren Schnittkante des Schlauchs einen doppelten Saum einschlagen und nähen. Den Schlauch auf rechts wenden.

3. Auf der Nähmaschine die größte Stichlänge einstellen (Heftstich). Die ungesäumte Kante des Schlauchs beginnend an der Naht ringsum heften. Vorhandene Stiche nicht übernähen.

4. Um den Volant gleichmäßig auf dem Rockumfang zu verteilen, faltet man ihn wie die Rockoberkante in Viertel und markiert die vier Stellen mit Stecknadeln oder einem auswaschbarem Stoffmarkierstift.

5. Volant und Rock *mit den rechten Seiten nach außen* legen. Die Nähte von Volant und Rockoberkante übereinander feststecken. Anschließend den Volant auf der gegenüberliegenden Rockseite an der Stecknadel- oder Stiftmarkierung und zum Schluss in der vorderen und hinteren Rockmitte feststecken. ⑨

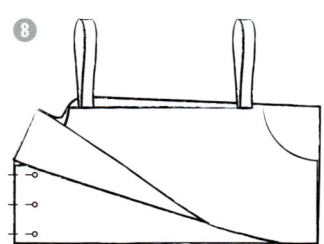

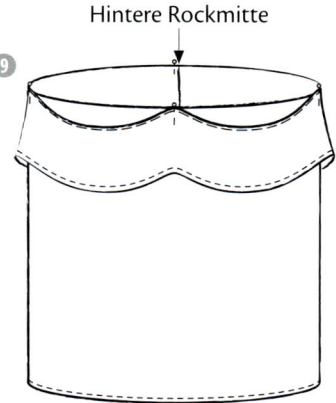

Hintere Rockmitte

6. Zum Kräuseln den Heftfaden des Volants vorsichtig anziehen und die Kräusel gleichmäßig verteilen. Entspricht der aufgekräuselte Volant im Umfang dem Rockumfang, ringsum feststecken. ⑩

7. Den Volant mit knapp ¼" (0,6 cm) Nahtzugabe und schmalem Zickzackstich auf den Rock nähen. (Eine schmale Nahtzugabe und ein enger Zickzackstich stellen sicher, dass die Zickzacknaht verdeckt wird, wenn der Rock an das Oberteil genäht wird.)

8. Den Volant auf rechts umklappen. 2½" (6,5 cm) ab der Naht des ersten Volants messen und die Linie ringsum mit einem auswaschbaren Stoffmarkierstift markieren. ⑪

9. Weitere Volants in gleicher Weise anfertigen und auf den Rock nähen, bis kein Platz mehr vorhanden ist. Ich habe noch einen Volant auf die Saumkante genäht, um den Rock etwas zu verlängern.

Tipp: Zur gleichmäßigen Verteilung der Volants auf dem Rockumfang faltet man Rock und Volants in Viertel und markiert diese Stellen.

Den Rock an das Oberteil nähen

1. Mit Heftstich ⅛" (0,3 cm) unterhalb der Rockoberkante ringsum nähen, an der Seitennaht beginnen und am Anfang und am Ende ein 5" (12,5 cm) langes Fadenende hängen lassen.

2. Das Oberteil rechts auf rechts auf den Rock stecken, dabei müssen die Schnittkanten bündig aufeinander und eine Seitennaht des Oberteils auf der Rocknaht liegen. Vorsichtig einen der Heftfäden anziehen und den Rock auf die Weite des Oberteils einkräuseln, dabei die Kräusel gleichmäßig verteilen. Das Oberteil ringsum am Rock feststecken.

3. Die Maschine auf normale Stichlänge einstellen und das Oberteil an den Rock nähen. Dazu unmittelbar unterhalb der Zickzacknaht des ersten Volants nähen.

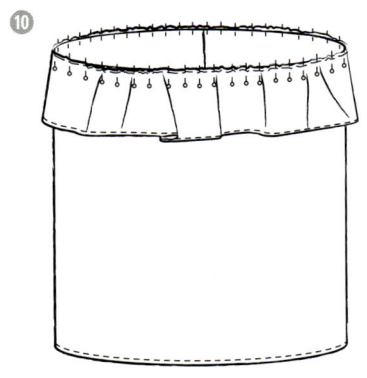
⑩

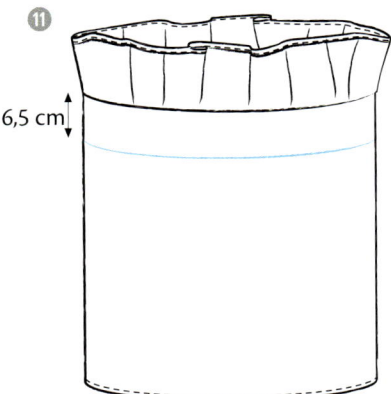
⑪

6,5 cm

Zwirbeln

Kissen mit Blumenbukett

Fertigmaß: ca. 13½" x 13½" (34,5 x 34,5 cm)

Gezwirbelte und verdrehte Streifen verwandeln ein schlichtes Kissen in einen stilvollen Hingucker. Ob farbig oder neutral: Es ist die Textur, die die Blicke auf sich zieht.

Material

Bei einer Stoffbreite von 42" (110 cm):

½ Yard (50 cm) oder 2 Fat Quarter (je ca. 45 x 55 cm)
    beiger Baumwoll- oder Leinenstoff für das Kissen
Je ⅛ Yard (12 cm) Unistoff in drei verschiedenen
    Farben für die Blüten*
Polyesterkügelchen oder Füllfasern, 450 g

*Da Sie pro Farbe nur 2 Streifen benötigen, können Sie pro Farbe auch ca. 80" (200 cm) lange Stoffreste verwenden.

Zuschneiden

Aus dem beigen Stoff:
2 Quadrate, 14" x 14" (35,5 x 35,5 cm)

Aus jedem der unifarbenen Stoffe:
2 Streifen, 2" x 42" (5 x 106,5 cm)

Die Blüten herstellen

Mit ¼" (0,6 cm) Nahtzugabe arbeiten.

1. Einen Streifen der Länge nach links auf links falten, sodass er 1" (2,5 cm) breit ist. Das Ende nochmals falten, sodass er nur noch ½" (1,25 cm) breit ist. ❶
2. Mit der ersten Blüte in einer Ecke eines beigen Quadrats mindestens 3" (7,5 cm) von den Kanten entfernt beginnen. Quer über das Streifenende nähen. ❷

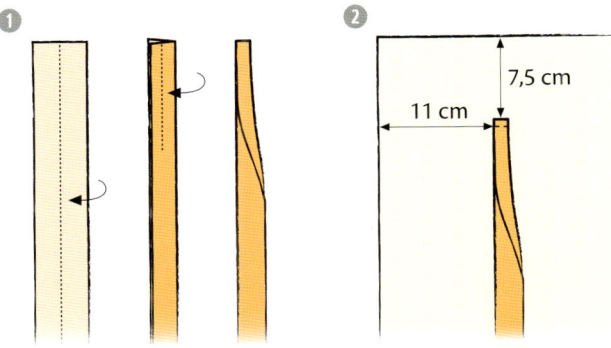

3. Den Streifen behutsam nach außen zwirbeln.

4. Den gezwirbelten Streifen in einer Rundung auf den Kissenstoff legen und ¼" (0,6 cm) von der Innenkante entfernt aufnähen, sodass die Naht von der nächsten „Runde" verdeckt werden wird. ❹

5. Den Streifen weiter zwirbeln und aufnähen, bis ein vollständiger Kreis entsteht. Dann nach innen arbeiten, dabei die Kanten überlappen lassen, damit keine Lücken entstehen. Ist der Streifen zu kurz, um die Blüte zu vollenden, setzt man mit Rückwärtsstichen einen neuen Streifen an das Ende an. ❺

6. Ist die Blüte vollständig ausgefüllt, vernäht man den Streifen mit Rückwärtsstichen und schneidet ihn knapp über der Naht ab. ❻

7. In der gleichen Weise zwei weitere Blüten etwas überlappend aufnähen, sodass sie wie ein Blumenbukett aussehen.

Das Kissen nähen

1. Die Kissenteile rechts auf rechts zusammenstecken. Das Kissen ringsum nähen, dabei an der Unterkante eine 4" (10 cm) breite Öffnung zum Verstürzen frei lassen. Um spitze Kissenecken zu vermeiden, siehe „Kissenecken" (Seite 92). ❼

2. Das Kissen verstürzen und füllen. Die Öffnung von Hand mit Leiterstich schließen (Seite 91).

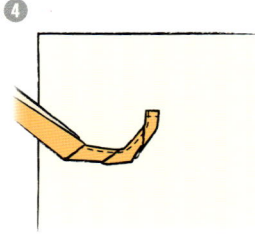

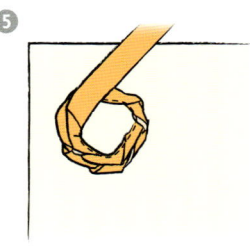

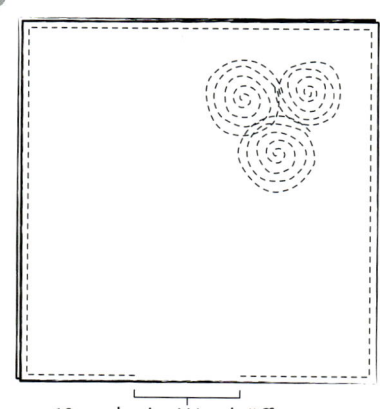

10 cm breite Wendeöffnung

Blütenring

Fertigmaß: ca. ø 1" (2,5 cm)

Mit diesem textilen Schmuck veredeln Sie jedes Outfit oder geben Ihrem Alltag mit einem kleinen Farbtupfer eine Extraportion Leuchtkraft. Welchen Look Sie auch kreieren möchten, dieses Stück wird bestimmt zum Must-Have in Ihrer Accessoires-Sammlung.

Material

1 Stoffstreifen, 1" x 10" (2,5 x 25 cm)
Größenverstellbarer Ringrohling
Heißklebepistole und Klebesticks
Sekundenkleber

Den Blütenring anfertigen

1. Etwas Heißkleber auf die Rückseite eines Streifenendes auftragen. Den Streifen links auf links der Länge nach zur Hälfte falten. Nochmals Kleber auf das Ende geben und falten, sodass es nur noch ¼" (0,6 cm) breit ist. ❶

2. Erneut etwas Kleber auf das Ende auftragen und dieses zum Befestigen nach vorne umklappen. Dieses Ende wird zum Blütenboden. ❷

3. Den Streifen nicht zu fest, jedoch auch nicht zu locker nach innen zwirbeln. Kleber auf den Blütenboden auftragen und den gezwirbelten Streifen daraufkleben. ❸

4. Den Streifen weiter zwirbeln, dabei jede neue Drehung an die vorherige kleben, um jede Runde etwas unterhalb der vorherigen Runde einzupassen. ❹

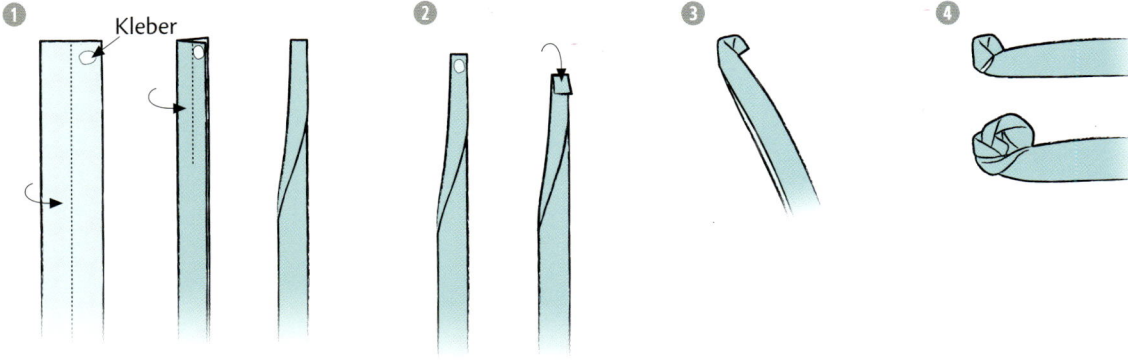

❶ Kleber ❷ ❸ ❹

5. Machen Sie die Blüte beliebig groß und lassen Sie ein längeres Stoffende hängen. ❺

6. Das Ende unter die Blüte schieben und dort festkleben. Überschüssigen Stoffstreifen abschneiden. ❻

7. Sekundenkleber auf die Blütenunter-seite auftragen und die Blüte auf den Ring pressen, bis der Kleber trocken ist.

Blütenbrosche aus Satinband

Fertigmaß: ca. ø 5" (12,5 cm)

Peppen Sie ein Outfit oder eine Tasche mit dieser Blüte aus Schmuckband auf oder bringen Sie sie an einer Haarklammer an, um ein tolles Accessoire zu gestalten. Von all meinen Blütenkreationen ist diese mit Abstand mein Favorit.

Material

1⅝ Yards (160 cm) Satinband in Pink,
    1½" (3,75 cm) breit (Blütenblätter und
    Blütenmitte)
Filzscheibe mit ca. ø 2" (5 cm)
Fransenstopp (Textilkleber)
Heißklebepistole und Klebesticks
Sekundenkleber
Broschennadel oder Alligator Haarclip

Zuschneiden

Aus dem pinkfarbenen Band:
6 Stücke, 2½" (6,5 cm) lang (Blütenblätter)
6 Stücke, 2" (5 cm) lang (Blütenblätter)
1 Stück, 10" (25 cm) lang (Blütenmitte)

Die Blume aus den Blütenblättern formen

1. Auf sämtliche Schnittkanten Fransenstopp auftragen und trocknen lassen.
2. Ein 2½" (6,5 cm) langes Band mit der linken (matten) Seite nach oben legen. Etwa ein Drittel von der linken Kante entfernt Heißkleber auf ein Ende auftragen. Die obere linke Ecke auf den Kleber falten. Für die rechte Ecke wiederholen. Die Oberkante umfalten und festkleben. Aus den übrigen Bandstücken weitere Blütenblätter (insg. 12) genauso anfertigen.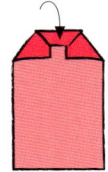

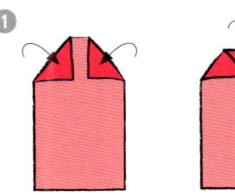

3. Auf die linke Seite eines 2½" (6,5 cm) langen Blütenblatts mittig auf die Unterkante Heißkleber auftragen. Das Blütenblatt auf eine Hälfte der Filzscheibe kleben. ❷

4. An der Blütenblattunterkante rechts und links je eine nach innen gerichtete Falte legen, die sich in der Mitte treffen. Zwischen die Lagen Kleber auftragen und die Falten festkleben. ❸

5. Das zweite Blütenblatt auf Stoß gegenüber dem ersten in die Scheibenmitte kleben und in Falten legen. ❹

6. Das dritte und vierte Blütenblatt so aufkleben, dass sie die beiden ersten Blütenblätter etwas überlappen. ❺

7. Die Filzscheibe drehen und zwei weitere Blütenblätter ankleben, sodass die untere Blütenblätterschicht nun vollständig ist.

8. In die Blütenmitte Kleber auftragen. Ein 2" (5 cm) langes Blütenblatt in die Lücke zwischen zwei unteren Blütenblättern kleben und in Falten legen. Die Schnittkante des neuen Blütenblatts liegt in der Scheibenmitte. ❻

9. In dieser Weise aus 2" (5 cm) langen Blütenblättern die obere Blütenblätterschicht kleben. ❼

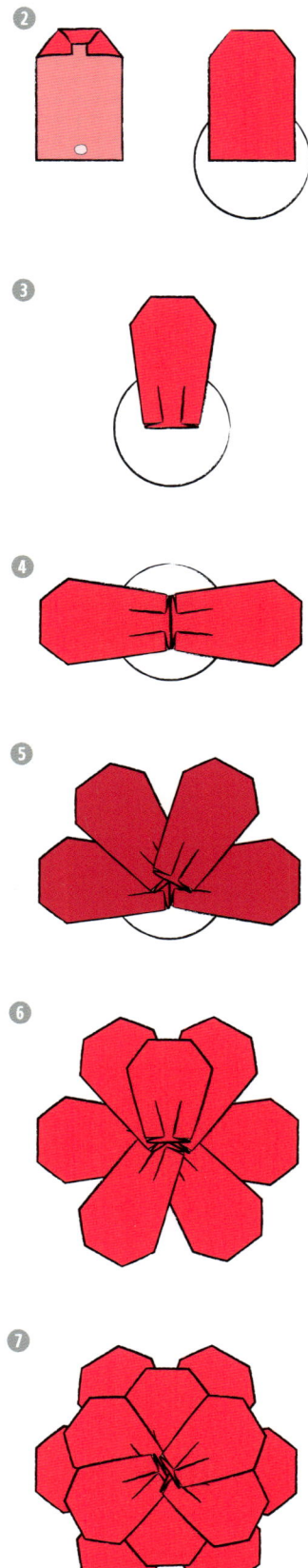

Die Blütenmitte anfertigen

1. Auf das Ende des 10" (25 cm) langen Bands für die Blütenmitte Fransenstopp auftragen und trocknen lassen.

2. Den Boden der Blütenmitte, wie in den Schritten 1 und 2 auf Seite 31 beschrieben, anfertigen. Gefaltet ist das Bandende ca. ⅜" (1 cm) breit.

3. Das Band nicht zu fest, jedoch auch nicht zu locker nach innen zwirbeln. Kleber auf den Blütenboden auftragen und das gezwirbelte Band daraufkleben. ❽

4. Das Band weiter zwirbeln, dabei jede neue Drehung an die vorherige kleben. ❾

5. Machen Sie die Blütenmitte groß genug, dass der Kleber auf den Blättern verdeckt wird. Lassen Sie ein längeres Bandende hängen. Die Blütenmitte, wie in Schritt 6 auf Seite 33 beschrieben, vervollständigen.

6. Auf die Unterseite der Blütenmitte Kleber auftragen und auf die Blütenblätter kleben.

7. Die Blume umdrehen, sodass die Filzscheibe nach oben zeigt. Wer eine Brosche daraus fertigen möchte, trägt etwa ¼" (0,6 cm) neben dem Scheibenrand Sekundenkleber auf und klebt sie mit Anpressdruck auf eine Broschennadel. Soll sie als Haarschmuck dienen, trägt man Kleber auf die Scheibenmitte auf und drückt die obere Hälfte der Haarspange in den Kleber.

Dekobälle

Fertigmaß: ca. ø 4" (10 cm)

Aus einem Haus ein Zuhause
zu machen, heißt Liebe
zum Detail zu entwickeln.
Und wie könnte man den
gewünschten Look besser
hinbekommen als mit diesen
dekorativen Stoffbällen?

Material

Bei einer Stoffbreite von 42" (110 cm):

¼ Yard (25 cm) Baumwollstoff pro Kugel
4"- (10-cm-)Styroporball*
Heißklebepistole und Klebesticks

*In der Regel in 6er-Packungen erhältlich.

Zuschneiden

Aus dem Baumwollstoff:
4 Streifen, 1" x 42" (2,5 x 106,5 cm), pro Ball

Die Bälle anfertigen

1. Den ersten Streifen, wie in Schritt 1 im Abschnitt „Den Blütenring anfertigen" (Seite 31) beschrieben, falten.
2. Auf den Styroporball Kleber auftragen und das umgefaltete Streifenende auf den Ball kleben. ❶
3. Den Streifen auf einigen Zentimetern zwirbeln. Etwas Kleber auf das Ende des gefalteten Streifens an der Stelle, die am Ball befestigt wird, auftragen. Den gezwirbelten Streifen zu einem Wulst wickeln und auf den Ball kleben. ❷

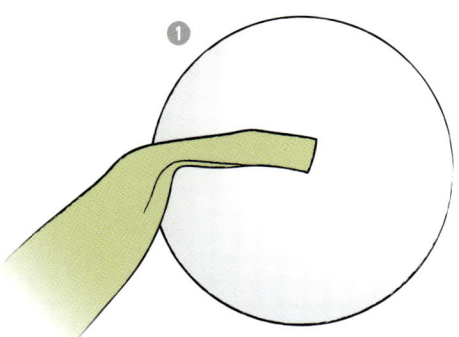

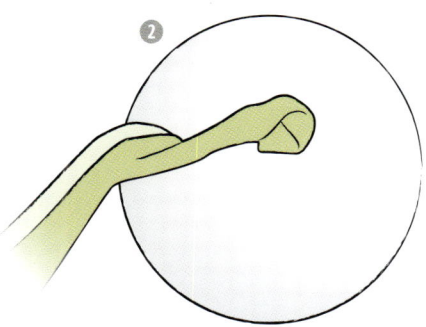

4. Den Streifen weiter zwirbeln und auf den Ball kleben, dabei Kleber auf den Ball und die Wulstrückseite auftragen, damit der gezwirbelte Streifen flach liegt. ❸

5. Das Ende des ersten Streifens etwas abflachen und auf den Ball kleben. Einen neuen Streifen, wie in Schritt 1 beschrieben, so ansetzen, dass er das Ende des ersten Streifens überlappt. Den neuen Streifen unmittelbar weiterzwirbeln. ❹

6. Sowie der Ball vollständig beklebt ist, schneiden Sie das Streifenende ab und drücken es in die Mitte der Wulstwicklung. ❺

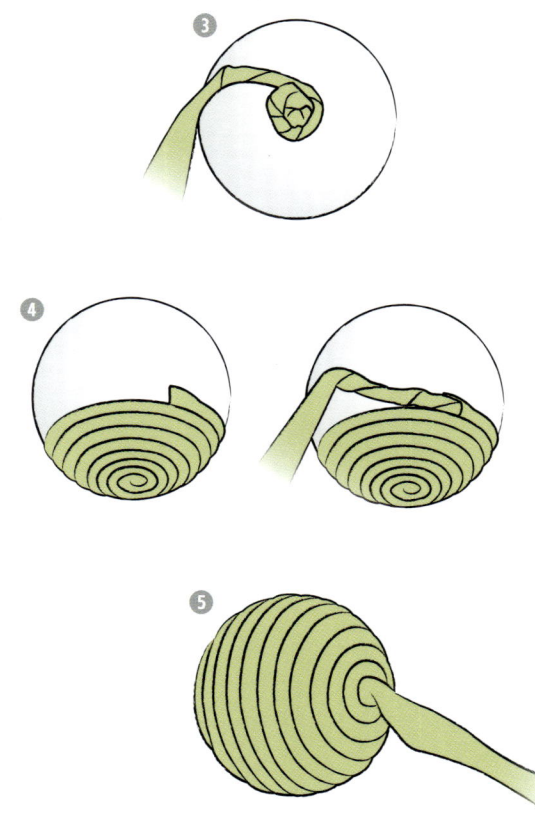

Gezwirbeltes Stoffarmband

Fertigmaß: ca. ø 3" (7,5 cm)

Hier handelt es sich um eines der beliebtesten Modelle, die ich entworfen habe. Solch einfache Armbänder können Sie für sich und all Ihre Freundinnen an einem einzigen Nachmittag zaubern.

Material (für zwei Armbänder)

Bei einer Stoffbreite von 42" (110 cm):

⅜ Yard (36 cm) Baumwollstoff
1 Packung (2 Yards / 200 cm) Füllkordel oder andere ähnliche Kordeleinlage, 6/32" (0,4 cm) stark
Heißklebepistole und Klebesticks (optional)
1¾" oder 1⅞" (4,5 oder 5 cm) lange Stecknadeln
Lange Nähnadel und Fingerhut
Farblich passendes Garn

Zuschneiden

Aus dem Baumwollstoff:
3 Streifen, 1½" x 42" (3,75 x 106,5 cm), pro Armband

Aus der Füllkordel:
1 Stück, 31" (79 cm) lang, pro Armband

Das Armband anfertigen

1. Die drei Streifen an den Schmalseiten zu einem langen Streifen aneinandernähen. Die Nahtzugaben auseinanderbügeln. Ein Streifenende links auf links der Länge nach zur Hälfte falten.
2. Das gefaltete Streifenende mit der Maschine an ein Kordelende nähen, um den Streifen zu fixieren. Sie können das Streifenende auch an die Kordel kleben. ❶
3. Den gefalteten Stoffstreifen fest um die Kordel zwirbeln und wickeln. ❷

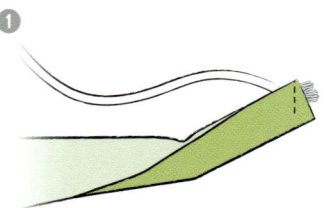

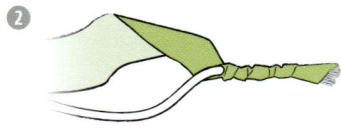

Tipp: Verrutscht der Stoff, tragen Sie alle paar Zentimeter etwas Heißkleber auf die Kordel auf.

4. Den Stoffstreifen beim Umschlingen der Kordel weiter zwirbeln und hier und da überlappen lassen, damit das Ganze kompakter wirkt. An einigen Stellen lasse ich die linke Stoffseite herausblitzen, damit es nicht so perfekt aussieht.

5. Am Kordelende angekommen, nähen oder kleben Sie das Streifenende an die Kordel.

6. Damit sich das Armband über das Handgelenk streifen lässt, schlingt man die ummantelte Kordel um das Handgelenk und markiert die erste Schlinge mit einer Stecknadel. Die Schlinge wieder abnehmen.

7. Den Rest der ummantelten Kordel insgesamt dreimal um das Handgelenk schlingen, bis sie gegenüber dem Ausgangspunkt liegt. Die drei Schlingen mit langen Stecknadeln fixieren. Je nach Schlingengröße kann es sein, dass etwas ummantelte Kordel übrig bleibt.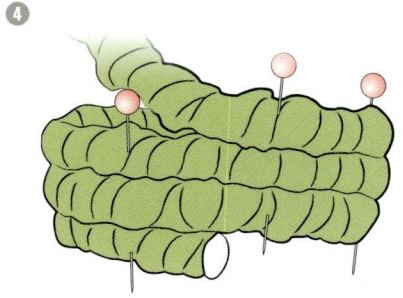

8. Die ummantelte Kordel quer über dem Ende der letzten Wicklung mit Vor- und Rückwärtsstichen „schließen". Überschüssige Kordel abschneiden.

9. Die Kordelenden in das Armbandinnere stecken und von Hand festnähen.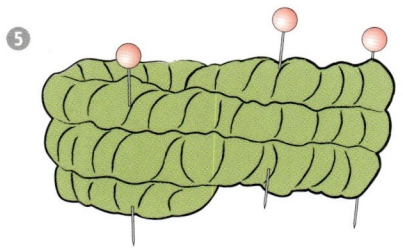

10. Und nun kommt der Fingerhut zum Einsatz. Fädeln Sie einen doppelten Faden in eine lange Nadel und stechen Sie dort durch eine der äußeren Wicklungen, wo sie beginnt und endet, sodass der Knoten verdeckt wird. Nähen Sie von oben bis unten durch das Armband, schieben Sie die Nadel dabei mithilfe des Fingerhutes durch alle drei Wicklungen und ziehen Sie den Faden durch. Stechen Sie die Nadel etwa ½" (1,25 cm) neben dem ersten Stich wieder in das Armband ein und nähen Sie erneut durch alle Wicklungen. Fahren Sie so fort, bis Sie rund um das Armband gearbeitet haben. Machen Sie am Ende einige kleine, feste Stiche und schneiden Sie den Faden knapp am Armband ab.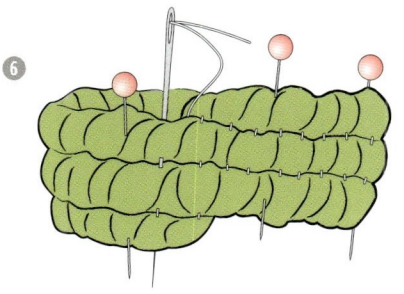

Kräuseln

Quilt mit Spitzendeckchen

Fertigmaß: 43" x 50½" (109 x 128 cm)

Dieser Quilt ist einfach
und dennoch elegant.
Die Umrandung mit feiner
Knitteroptik und die
Spitzendeckchenapplikation
verleihen ihm Textur –
wundervoll fürs Auge und
für zarte Babyhaut.

Material

Bei einer Stoffbreite von 42" (110 cm):

2¾ Yards (275 cm) grauer Unistoff für Quiltmitte,
   äußere Umrandung und Einfassung*

1¼ Yards (125 cm) weißer Baumwollstoff für
   die gekräuselte innere Umrandung

2⅞ Yards (285 cm) Rückseitenstoff

51" x 58½" (129,5 x 148,5 cm) großes Stück Vlies

7 Spitzendeckchen in verschiedenen Größen
   als Applikationen**

Temporärer Sprühkleber

Handnähnadel

**Die Stoffmenge gilt bei längs zugeschnittenen Streifen
für eine äußere Umrandung ohne Stückelungsnähte.
Wer die Streifen quer zuschneiden und Umrandung
und Einfassung aus mehreren Teilen zusammensetzen
möchte, benötigt 2¼ Yards (225 cm).*

***Die abgebildeten Spitzendeckchen haben
ø 5" (12,5 cm) und ø 9" (23 cm).*

Zuschneiden

Aus dem grauen Unistoff im Längsfadenlauf:

1 Rechteck, 36" x 43½" (91,5 x 110,5 cm)

4 Streifen, 3" (7,5 cm) x Stofflänge

5 Streifen, 2½" (6,5 cm) x Stofflänge

Aus dem weißen Stoff im Längsfadenlauf:

10 Streifen, 2½" (6,5 cm) x Stofflänge

Die Spitzendeckchen applizieren

*Mit ¼" (0,6 cm) Nahtzugabe arbeiten, sofern nicht
anders angegeben.*

1. Die Spitzendeckchen in der rechten unteren Ecke
   des grauen Stoffrechtecks 1" bis 3" (2,5 bis 7,5 cm)
   neben den Schnittkanten anordnen.
2. Die Spitzendeckchen auf der Rückseite einzeln mit
   Sprühkleber einsprühen und auf den Stoff kleben.

3. Die Deckchen mit Vorstich oder Applizierstich (Seite 89) auf den Stoff nähen.

Die gekräuselte Umrandung anfertigen

1. Zwei weiße Streifen auf 39" (99 cm) und zwei auf 43½" (110,5 cm) kürzen. Legen Sie sie beiseite; sie dienen als Untergrundstoff für die gekräuselten Streifen.

2. Zwei der verbliebenen sechs weißen Streifen quer halbieren, sodass vier Streifen halber Länge entstehen. Je einen Streifen halber Länge an den Schmalseiten an einen Streifen ganzer Länge nähen, sodass vier lange Streifen zum Kräuseln entstehen. Die Nahtzugaben auseinanderbügeln.

3. Zum Kräuseln der weißen Streifen auf der Nähmaschine die größte Stichlänge (Heftstich) einstellen und den Faden mindestens 5" (12,5 cm) herausziehen. Sie können später einige Kräusel ggf. wieder herauslassen. Den Oberfaden in Garnrollennähe mit Daumen und Zeigefinger festhalten, um die Fadenspannung zu erhöhen (siehe Seite 91). Den ersten Streifen der Länge nach nähen und den Faden am Ende mindestens 5" (12,5 cm) herausziehen.

4. Die gegenüberliegende Längskante genauso kräuseln. Die restlichen Streifen ebenso kräuseln.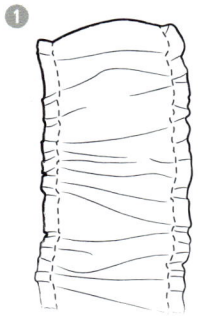

5. Einen gekräuselten Streifen mit der rechten Seite nach oben auf die rechte Seite eines 43½" (110,5 cm) langen weißen Streifens legen, dabei die Kräusel so verteilen, dass der obere Streifen genauso lang wie der untere ist. Stecken.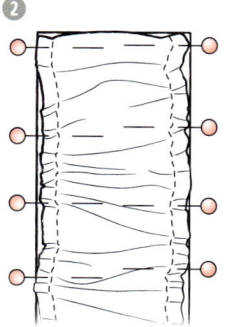

6. Beide Längskanten der doppellagigen Streifen mit Heftstich nähen. Den anderen 43½" (110,5 cm) langen weißen Streifen und einen gekräuselten Streifen für die gegenüberliegende Seite genauso aufeinandernähen.

7. Die verbliebenen Kräuselstreifen und die beiden 39" (99 cm) langen Querstreifen für die obere und untere Umrandung vorbereiten. Ehe Sie diese Streifen aufeinandernähen, vergleichen Sie sie mit den seitlichen Umrandungsstreifen und lassen ggf. einige Kräusel wieder heraus, um eine ähnliche Knitteroptik zu erhalten.

Die gekräuselte Umrandung annähen

1. Die 43½" (110,5 cm) langen Streifen rechts und links so an die Quiltmitte stecken, dass die Kräusel und der graue Stoff rechts auf rechts liegen. Mit ½" (1,25 cm) Nahtzugabe nähen. Die Nahtzugaben zum grauen Stoff hin bügeln. ❸

2. Die 39" (99 cm) langen Querstreifen als obere und untere Umrandung genauso nähen. Bügeln. ❹

Die äußere Umrandung annähen

1. Zwei der grauen 3" (7,5 cm) breiten äußeren Umrandungsstreifen auf 43" (109 cm) Länge schneiden. Sie sind als obere und untere Umrandung gedacht; beiseite legen.

2. Zwei der grauen 3" (7,5 cm) breiten äußeren Umrandungsstreifen auf 46½" (118 cm) Länge schneiden. Die Streifen an die rechte und linke Seite des Quilttops stecken. Mit ½" (1,25 cm) Nahtzugabe nähen. Die Nahtzugaben zum grauen Stoff hin bügeln. ⑤

3. Die 43" (109 cm) langen Querstreifen als obere und untere Umrandung genauso nähen. Bügeln. ⑥

Den Quilt fertigstellen

1. Den Rückseitenstoff quer in zwei Hälften schneiden und die Stücke mit ¼" (0,6 cm) Nahtzugabe zusammenfügen. Die Nahtzugaben auseinanderbügeln. Die Rückseite ringsum auf die Maße des Quilttops zuzüglich ringsum 4" (10 cm) zurückschneiden.

2. Rückseitenstoff, Vlies und Top (mit horizontal verlaufender Naht) aufeinanderlegen; heften. Von Hand oder mit der Maschine nach Wunsch quilten. Bei meinem Quilt verlaufen die Quiltstiche auf den Deckchen kreis- und auf dem grauen Stoff wellenförmig. Die gekräuselte Umrandung wurde nicht gequiltet.

3. Für die Einfassung verwenden Sie die 2½" (6,5 cm) breiten grauen Streifen (siehe „Einfassung", Seite 89).

⑤
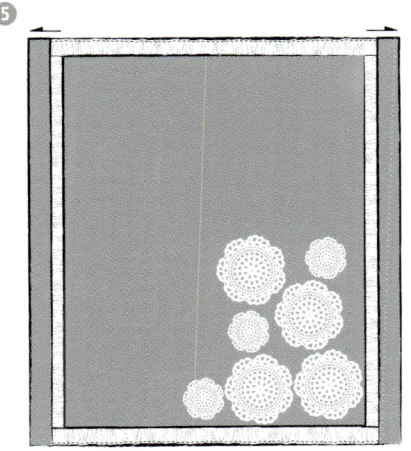

③
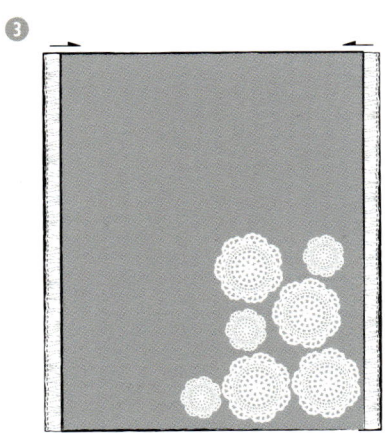

④
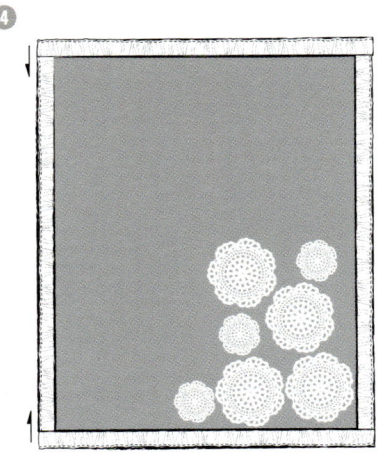

⑥
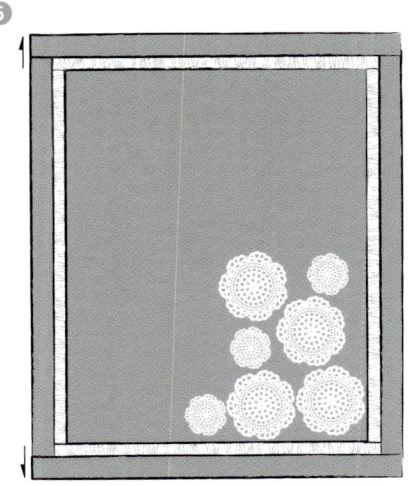

Quadrat-im-Quadrat-Kissen

Fertigmaß: 18" x 18" (45,5 x 45,5 cm)

Ich liebe Kissen. Sie machen jedes Haus gemütlich und einladend. Das abgebildete einfache moderne Kissen basiert auf einem Klassiker mit weichen Kräuseln im mittigen Quadrat, was ihm einen Hauch Textur verleiht.

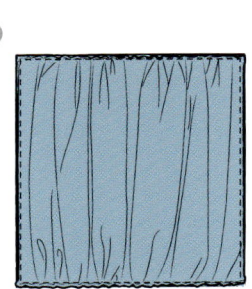

Material

Bei einer Stoffbreite von 42" (110 cm):

½ Yard (50 cm) hellblauer Baumwollstoff für das mittlere Quadrat, die Akzentumrandung und das Kissenrückteil

½ Yard (50 cm) dunkelblauer Stoff für die Umrandung und das Kissenrückteil

Polyesterkügelchen oder Füllfasern, 450 g

Zuschneiden

Aus dem hellblauen Stoff:
1 Streifen, 7½" x 14" (19 x 35,5 cm)
1 Quadrat, 7½" x 7½" (19 x 19 cm)
2 Streifen, 1" x 10½" (2,5 x 26,5 cm)
2 Streifen, 1" x 11½" (2,5 x 29 cm)

Aus dem dunkelblauen Stoff:
2 Streifen, 2" x 7½" (5 x 19 cm)
2 Streifen, 2" x 10½" (5 x 26,5 cm)
2 Streifen, 4" x 11½" (10 x 29 cm)
2 Streifen, 4" x 18½" (10 x 47 cm)

Das Kissenvorderteil nähen

Mit ¼" (0,6 cm) Nahtzugabe arbeiten, sofern nicht anders angegeben.

1. Auf der Nähmaschine die größte Stichlänge einstellen (Heftstich). Die Längskanten des 7½" x 14" (19 x 35,5 cm) großen hellblauen Streifens mit ⅛" (0,3 cm) Nahtzugabe kräuseln. Dazu den Oberfaden in Garnrollennähe mit Daumen und Zeigefinger festhalten, um die Fadenspannung zu erhöhen. Siehe „Mit der Maschine rüschen und kräuseln" (Seite 91).

2. Den gekräuselten Streifen mit der rechten Seite nach oben auf das hellblaue 7½" x 7½" (19 x 19 cm) große Quadrat legen. Die Kräusel herauslassen oder einhalten, bis der Streifen auf das Quadrat passt. Ringsum mit Heftstich nähen. ❶

3. Die beiden dunkelblauen 2" x 7½" (5 x 19 cm) großen Streifen rechts auf rechts an die rechte und linke Seite des Quadrats bei vertikal verlaufenden Kräuseln stecken. Nähen. Die Nahtzugaben zum dunkelblauen Stoff hin bügeln. ❷

4. Die beiden dunkelblauen 2" x 10½" (5 x 26,5 cm) großen Streifen oben und unten ansetzen. Bügeln. ❸

5. Die beiden hellblauen 1" x 10½" (2,5 x 26,5 cm) großen Streifen rechts und links und dann die beiden hellblauen 1" x 11½" (2,5 x 29 cm) großen Streifen oben und unten ansetzen. Bügeln. ❹

6. Schließlich die beiden dunkelblauen 4" x 11½" (10 x 29 cm) großen Streifen rechts und links und dann die beiden dunkelblauen 4" x 18½" (10 x 47 cm) großen Streifen oben und unten ansetzen. Bügeln. ❺

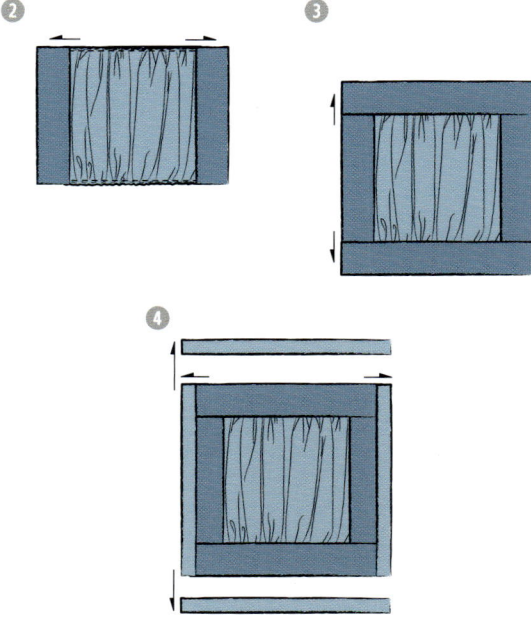

Das Kissenrückteil zusammensetzen

1. Die verschieden breiten hell- und dunkelblauen Stoffreste in Streifen von mehr als 18½" (47 cm) Länge schneiden.

2. Die Streifen zu einem Stück zusammensetzen, das größer als 18½" x 18½" (47 x 47 cm) ist. Die Nahtzugaben in eine Richtung bügeln. Das Teil auf 18½" x 18½" (47 x 47 cm) zurückschneiden.

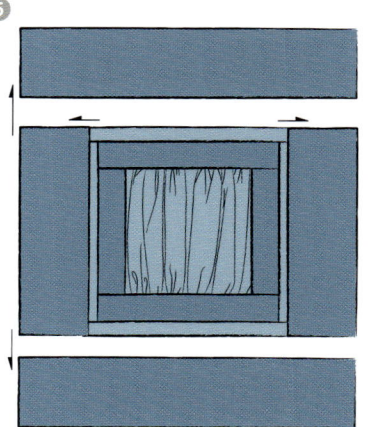

Das Kissen fertigstellen

1. Kissenvorder- und -rückteil rechts auf rechts zusammenstecken. Das Kissen ringsum nähen, dabei an einer zu den rückwärtigen Nähten parallel verlaufenden Seite eine 4" (10 cm) breite Öffnung frei lassen. ❻

2. Um spitze Kissenecken zu vermeiden, siehe „Kissenecken" (Seite 92).

3. Das Kissen verstürzen und füllen. Die Öffnung von Hand schließen (Seite 91).

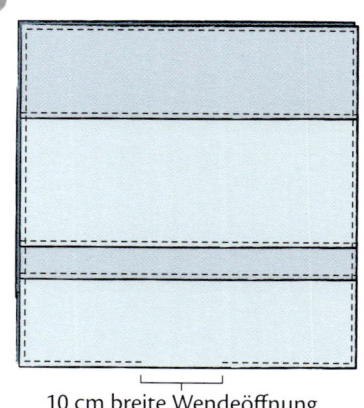

10 cm breite Wendeöffnung

Ein Schal für jede Jahreszeit

Fertigmaß: ca. 8" x 70" (20 x 178 cm)

Ob man ein Outfit ver-
schönern möchte oder etwas
angenehm Wärmendes
benötigt – dieses absolute
Must-have ist schwer
angesagt. In wie vielen
Farben können Sie den
Schal gebrauchen?

Material

Bei einer Stoffbreite von 60" (155 cm):

1 Yard (100 cm) Jersey (leichte Maschenware)
Auswaschbarer Stoffmarkierstift
Elastikgarn
Oberstofftransport (optional, jedoch sehr hilfreich)

Zuschneiden

Aus dem Jerseystoff:
2 Streifen, 8" x 60" (20 x 152,5 cm)
2 Streifen, 6" x 60" (15 x 152,5 cm)

Den Schal nähen

Mit ¼" (0,6 cm) Nahtzugabe arbeiten.

1. Die beiden breiten und schmalen Streifen jeweils
   rechts auf rechts an den Schmalseiten stecken
   und nähen. Die Nahtzugaben auseinanderbügeln.
2. Auf der rechten Seite des 8" (20 cm) breiten Streifens mit Stoffmarkierstift die Mittellinie markieren.
   Jeweils 1¼" (3 cm) von der rechten und linken
   Kante entfernt eine weitere Linie einzeichnen. ❶
3. Das Elastikgarn, wie in Schritt 3 des Modells
   Wasserfallschal (Seite 11) beschrieben, auf die
   Spule wickeln.

❶   3 cm   3 cm

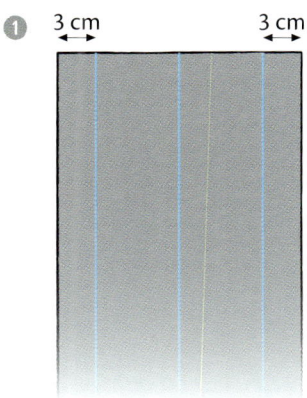

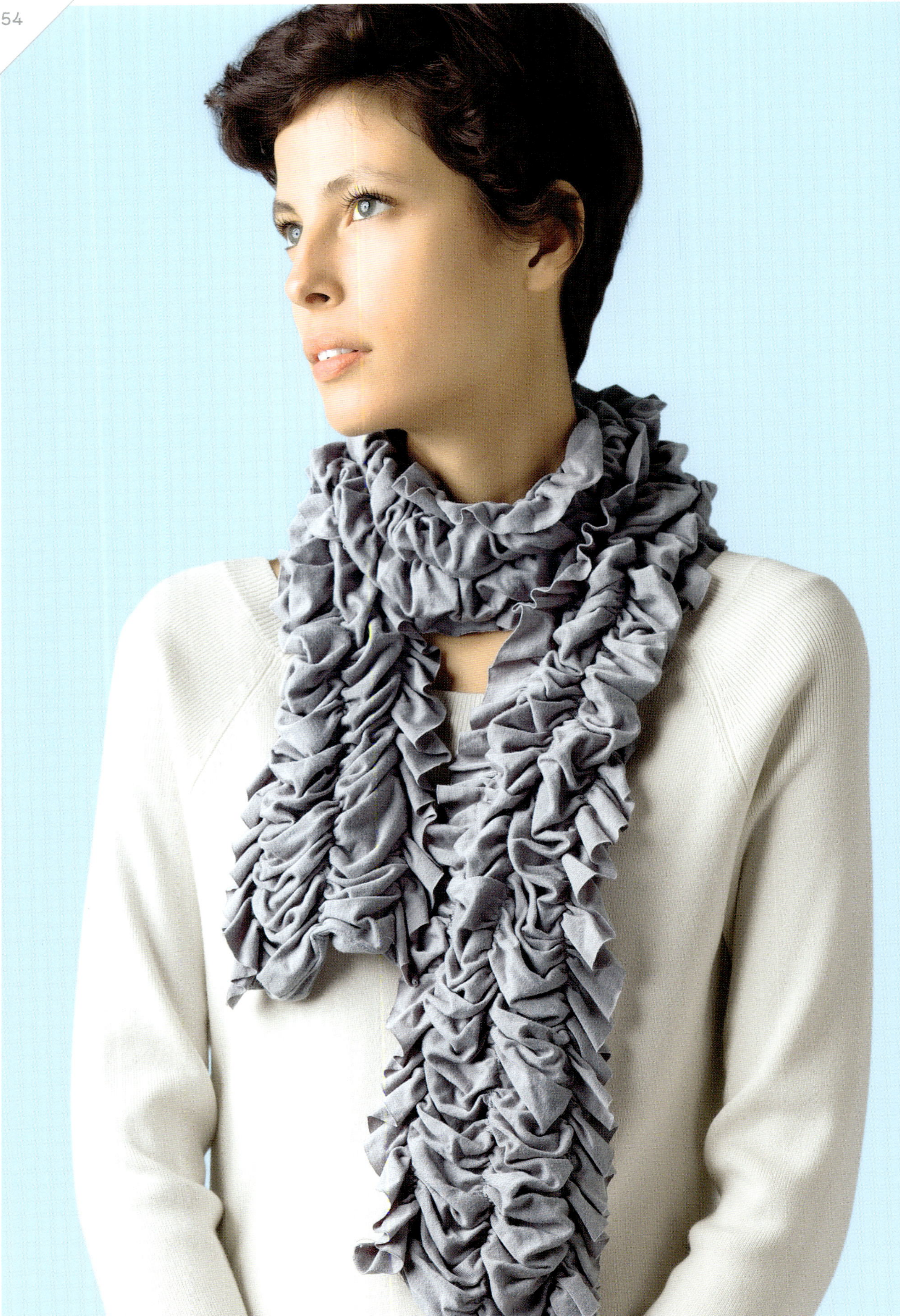

4. Auf der Nähmaschine die größte Stichlänge einstellen (Heftstich) und auf der
Mittellinie nähen. Den Oberfaden in
Garnrollennähe mit Daumen und Zeigefinger festhalten, um die Fadenspannung
zu erhöhen. Siehe „Mit der Maschine
rüschen und kräuseln" (Seite 91). Den
Streifen auf der gesamten Länge kräuseln. Auch die Kanten auf den markierten Linien kräuseln. ❷

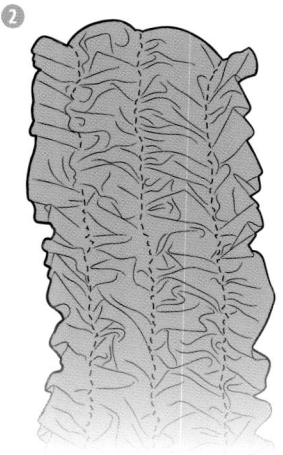

5. Den 6" (15 cm) breiten Streifen auf die
Länge des gekräuselten Streifens kürzen.
(Die Länge variiert je nachdem, wie
stark Ihre Maschine den Stoff kräuselt.)
Die Streifen an den Schmalseiten rechts
auf rechts zusammenstecken, dabei den
6" (15 cm) breiten Streifen mittig legen.
Nun wieder normales Nähgarn als Unterfaden verwenden und die Streifen an
den Schmalseiten zusammennähen. Die
Nahtzugaben auseinanderbügeln. ❸

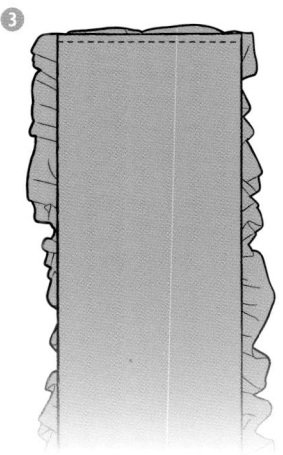

6. Störende Fäden abschneiden und den
Schal auf rechts wenden, sodass ein
langer Stoffschlauch mit offenen Längskanten entsteht.

7. Mit dem gekräuselten Streifen obenauf
die Lagen glatt streichen, sodass die
Streifen gleich lang sind. Wahrscheinlich
müssen Sie den Kräuselstreifen etwas
schieben und ziehen.

8. Den Oberstofftransport einsetzen, sofern
Sie einen haben. Normale Stichlänge
einstellen und normales Garn als Unterfaden verwenden.

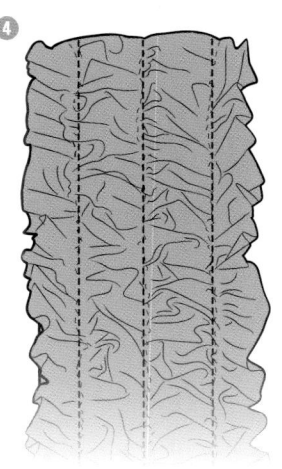

9. Die Streifen der Länge nach mit reichlich
Stecknadeln an eine Kante stecken.
Auf den Kräuseln nähen, dabei darauf
achten, durch beide Lagen zu nähen.
An der gegenüberliegenden Kante und
in der Mitte genauso verfahren. ❹

Dekokissen fürs Bett

Fertigmaß: 14" x 15½" (35,5 x 39,5 cm)

Bringen Sie mit diesem bezaubernden und romantischen Kissen Textur ins Schlafzimmer. Meine Tochter hat ein ganz ähnliches Kissen – das Bett wird durch die Rüschenoptik besonders in Szene gesetzt.

Material

Bei einer Stoffbreite von 42" (110 cm):
1 Yard (100 cm) weißer Baumwollstoff für das Kissenvorderteil und das Kissenrückteil
¼ Yard (25 cm) lichtblauer Baumwollstoff für die Blüten
Polyesterkügelchen oder Füllfasern, 450 g
Heißklebepistole und Klebesticks (optional)

Zuschneiden

Aus dem weißen Stoff:
1 Rechteck, 15" x 36" (38 x 91,5 cm)
2 Rechtecke, 15" x 16" (38 x 40,5 cm)

Aus dem lichtblauen Stoff:
1 Streifen, 1½" x 42" (3,75 x 106,5 cm)
1 Streifen, 2" x 42" (5 x 106,5 cm)
1 Streifen, 2½" x 42" (6,5 x 106,5 cm)

Das gekräuselte Kissen nähen

Mit ¼" (0,6 cm) Nahtzugabe arbeiten, sofern nicht anders angegeben.

1. Um das weiße 15" x 36" (38 x 91,5 cm) große Rechteck zu kräuseln, auf der Nähmaschine die größte Stichlänge einstellen (Heftstich). Den Fadenanfang mindestens 3" (7,5 cm) herausziehen, um Schritt 4 ausführen zu können.

2. Entlang einer Längskante des Rechtecks nähen und das Fadenende auch mindestens 3" (7,5 cm) herausziehen. An der gegenüberliegenden Kante in der gleichen Weise arbeiten.

3. An beiden Kanten den Oberfaden vorsichtig anziehen und das Teil kräuseln, bis es ca. 10" (25 cm) breit ist.

4. An beiden Enden der gekräuselten Kanten vorsichtig 3" (7,5 cm) Stoff herauslassen und glatt streichen. ❶

❶   7,5 cm   7,5 cm

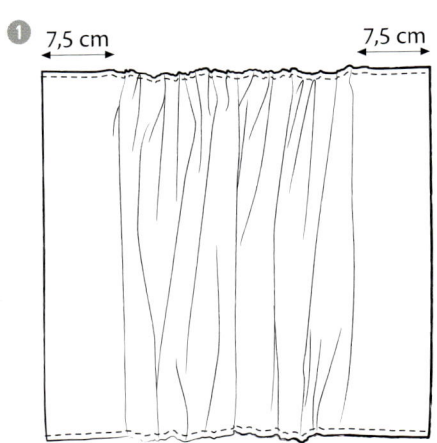

5. Das gekräuselte Rechteck auf ein weißes 15" x 16" (38 x 40,5 cm) großes Rechteck legen. Die Kräusel ggf. einhalten oder herauslassen, damit das gekräuselte Teil auf das glatte Teil passt. Stecken.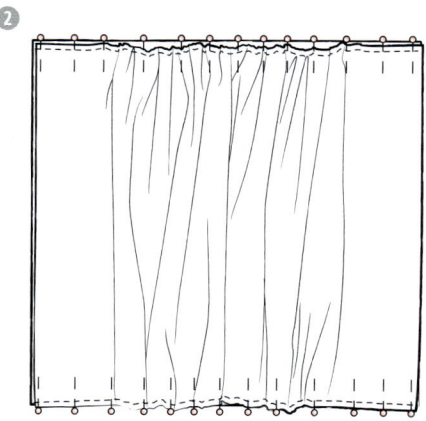

6. Die beiden Lagen ringsum heften, dabei direkt auf den Kräuselstichen nähen.

7. Die beiden Lagen und das andere weiße 15" x 16" (38 x 40,5 cm) große Rechteck rechts auf rechts stecken. Die erste Naht-zugabe von ¼" (0,6 cm) als Orientierung verwenden und die gekräuselten Kanten des Kissens mit ½" (1,25 cm) Nahtzugabe nähen. An den anderen Seiten auf der Naht nähen, dabei an einer Seite eine 4" (10 cm) breite Öffnung zum Verstürzen frei lassen. ❸

8. Um spitze Kissenecken zu vermeiden, siehe „Kissenecken" (Seite 92).

9. Das Kissen verstürzen und füllen. Die Öff-nung von Hand mit Leiterstich schließen (Seite 91).

Die Blüten aufnähen

Die Schnittkanten dieser Blüten bleiben unversäubert. Je nach verwendetem Stoff fransen sie mit der Zeit etwas aus. Wer das nicht mag, näht die Kanten mit Zickzackstich oder umsticht sie, ehe die Blüten angefertigt werden.

1. Mit Nadel und Faden etwa ¼" (0,6 cm) von einer Längskante des blauen Strei-fens entfernt Vorstiche arbeiten. Den Faden vorsichtig anziehen, um den Strei-fen schneckenförmig zu kräuseln. Formen Sie so zwei oder drei Blütenblattlagen. ❹

2. Die Kräusel mit einigen kleinen festen Stichen fixieren, dann am unteren Rand der Blüte durch alle Lagen stechen.

3. Die Blüten in einer Ecke von Hand auf das Kissenvorderteil nähen. Falls gewünscht, etwas Heißkleber auf die Rückseiten der Blüten auftragen und anpressen, bis der Kleber trocken ist.

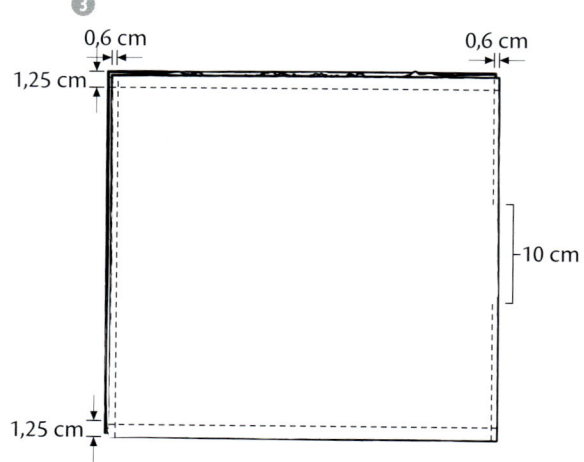

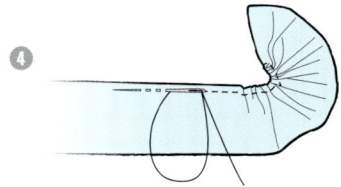

Shopper oder Strandtasche

Fertigmaß: 17½" x 17½" (44,5 x 44,5 cm), ohne Tragriemen

Ich bin in Südkalifornien aufgewachsen und außer zum Strand ging ich am Wochenende am liebsten zum Bauernmarkt. Die Erinnerungen an derartige Vergnügungen lieferten die Inspiration für diese Umhängetasche. Ich kann mir förmlich den Duft des Ozeans und die wundervollen Farben der regionalen Produkte, die in meine Tasche wanderten, vorstellen.

Material

Bei einer Stoffbreite von 42" (110 cm):

1⅝ Yards (160 cm) Baumwolldruck für den gekräuselten Streifen, das Futter und die Tragriemen

⅝ Yard (60 cm) Uni-Stoff „Cross Weave" von Moda oder mittelschwerer Chambray* für die Außentasche

1⅛ Yards (112 cm) leichte aufbügelbare Einlage

*Siehe Seite 90.

Zuschneiden

Aus dem Druck:
2 Streifen, 12½" x 42" (32 x 106,5 cm)
1 Rechteck, 18" x 36" (45,5 x 91,5 cm)
1 Streifen, 8" x 42" (20 x 106,5 cm), in zwei 8" x 21" (20 x 53,25 cm) große Stücke halbiert

Aus dem einfarbigen Stoff:
1 Rechteck, 18" x 36" (45,5 x 91,5 cm)

Aus der aufbügelbaren Einlage:
1 Rechteck, 18" x 36" (45,5 x 91,5 cm)

Die gekräuselten Streifen nähen

Mit ¼" (0,6 cm) Nahtzugabe arbeiten, sofern nicht anders angegeben.

1. Beide 12½" x 42" (32 x 106,5 cm) großen Rechtecke jeweils links auf links der Länge nach zur Hälfte falten, sodass sie 6¼" x 42" (16 x 106,5 cm) messen. Entlang der offenen Längskanten nähen.

2. Bei beiden Streifen die Naht in die rückwärtige Mitte legen und die Streifen glatt bügeln. Die Nahtzugaben in die eine oder andere Richtung bügeln (hier zeigen sie nach oben). ❶

❶

3. Auf der Nähmaschine den Heftstich einstellen. Den Oberfaden in Garnrollennähe festhalten, um die Fadenspannung zu erhöhen (siehe Seite 91). Den Fadenanfang etwa 3" (7,5 cm) herausziehen, um später einige Kräusel ggf. wieder herauslassen zu können. Zum Kräuseln 1" (2,5 cm) von jeder gefalteten Kante des Streifens entfernt heften und den Faden auch am Ende 3" (7,5 cm) herausziehen. Den zweiten Streifen genauso arbeiten. ❷

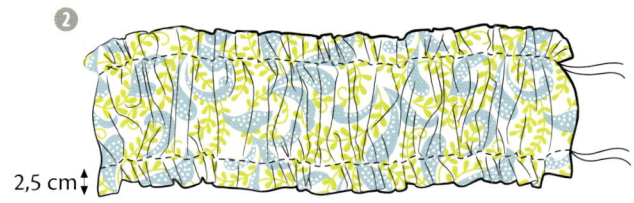

4. Auf der rechten Seite des einfarbigen Rechtecks 4" (10 cm) von den Schmalseiten entfernt je einen gekräuselten Streifen feststecken. Beide Streifen ½" (1,25 cm) von den gekräuselten Kanten entfernt mit normaler Stichlänge auf das Rechteck nähen. Den Heftfaden entfernen. ❸

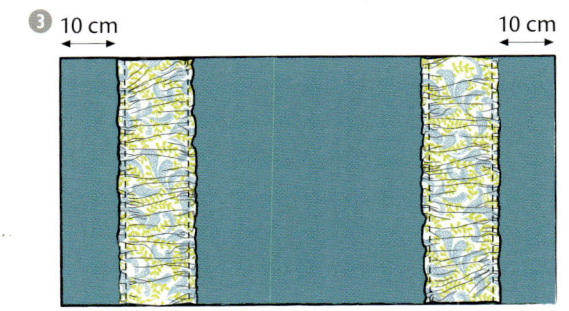

Die Tragriemen anfertigen und anbringen

1. Die 8" x 21" (20 x 53,25 cm) großen Streifen aus dem Baumwolldruck falten, bügeln und ¼" (0,6 cm) breit absteppen (Seite 93).

2. Die Enden eines Tragriemens bündig auf eine Taschenoberkante legen, dazu seine Außenkanten 5" (12,5 cm) von den Seiten entfernt platzieren; stecken. Die Riemenenden mit der Maschine an die Tasche heften. Den zweiten Tragriemen an die gegenüberliegende Taschenoberkante genauso heften. ❹

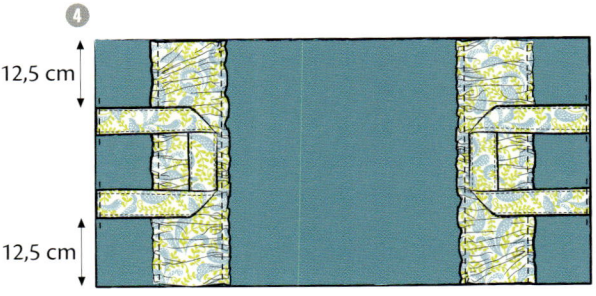

Die Tasche nähen

1. Die Einlage auf die linke Seite des 18" x 36" (45,5 x 91,5 cm) großen Baumwolldruckrechtecks bügeln.

2. Das Baumwolldruckrechteck rechts auf rechts auf die Taschenaußenseite stecken, dabei die Tragriemen zwischen die beiden Lagen fassen. Die Schmalseiten der Rechtecke zu einem großen Schlauch zusammennähen. Die Nahtzugaben auseinanderbügeln. ❺

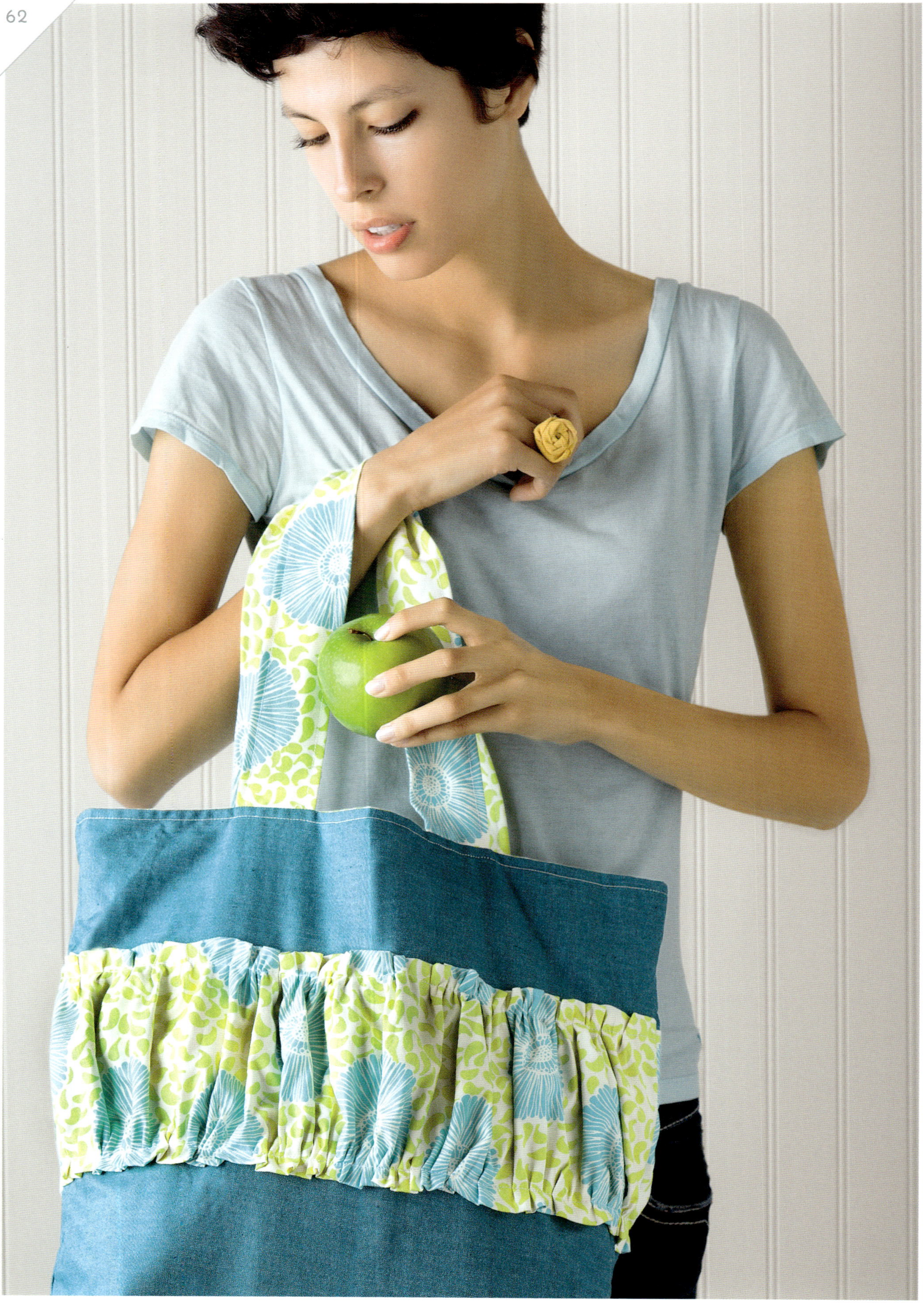

3. Bei bereits rechts auf rechts liegenden Teilen den Schlauch neu positionieren, und zwar so, dass die Nähte und die gekräuselten Streifen aufeinanderliegen (an jedem Ende bildet sich eine Falte). Die offenen Längskanten auf beiden Seiten stecken. Nähen und an einer Seite des Futters eine 5" (12,5 cm) breite Öffnung zum Verstürzen frei lassen.

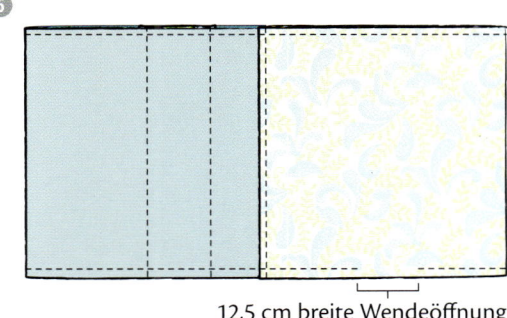

12,5 cm breite Wendeöffnung

4. Um die Bodenecken zu nähen, legen Sie die Tasche zunächst so hin, dass eine Futterseitennaht am Boden mittig liegt und eine Spitze entsteht. (Die Nahtzugaben dürfen in die eine oder andere Richtung zeigen.) 2" (5 cm) von der Spitze entfernt eine im 90°-Winkel zu dieser Naht verlaufende Linie messen und markieren. Auf der markierten Linie nähen und am Nahtanfang und -ende einige Rückwärtsstiche nähen. Die Spitze bis auf eine ¼" (0,6 cm) breite Nahtzugabe zurückschneiden, damit sie nicht aufträgt. Die gegenüberliegende Futterecke und die anderen Taschenecken genauso nähen.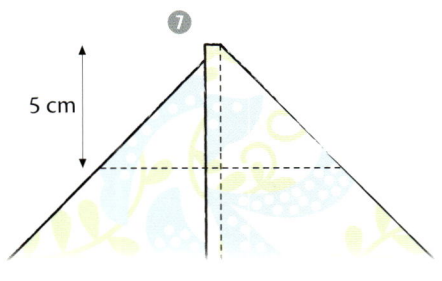

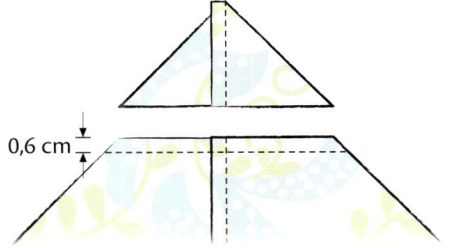

5. Die Tasche durch die Öffnung verstürzen. Die Öffnung von Hand mit Leiterstich schließen (Seite 91).

6. Das Futter in die Tasche schieben und die Tasche ¼" (0,6 cm) unterhalb der Oberkante absteppen.

7. Falls gewünscht: Für einen stabileren Boden ein 4" x 14" (10 x 35,5 cm) großes Stück Karton zuschneiden und mit einem mindestens 5" x 15" (12,5 x 38 cm) großen Reststück des Baumwolldrucks beziehen. Die Stoffkanten zur Kartonrückseite umfalten und festkleben. Trocknen lassen. Die Kartonverstärkung in den Taschenboden einlegen.

Falten

Kissen trifft modernen Chic

Fertigmaß: 14½" x 15½" (36,5 x 39,5 cm)

Kissen sind in meinem Haus als dekorative Akzente oder einfach nur zum Entspannen ein Muss. Die kühlen, klaren Linien dieses Faltenkissens machen es bestimmt auch in Ihrem Heim zur perfekten Ergänzung.

Material

Bei einer Stoffbreite von 42" (110 cm):

½ Yard (50 cm) grüngelber Unistoff
½ Yard (50 cm) Nessel
Polyesterkügelchen oder Füllfasern, 450 g

Zuschneiden

Aus dem grüngelben Stoff:
1 Rechteck, 15" x 23" (38 x 58,5 cm)
1 Rechteck, 15" x 16" (38 x 40,5 cm)

Aus dem Nessel:
1 Rechteck, 15" x 16" (38 x 40,5 cm)

Das Kissen nähen

Mit ¼" (0,6 cm) Nahtzugabe arbeiten.

1. Das 15" x 23" (38 x 58,5 cm) große Rechteck mit der linken Seite nach oben hochkant hinlegen. Die Seiten 1½" (3,75 cm) unterhalb der Oberkante beginnend wie abgebildet markieren. 2½" (6,5 cm) oberhalb der Unterkante enden. ❶
2. An der Unterkante beginnend den Stoff am untersten Markierungspaar kniffen. ❷

❶

3,75 cm
2,5 cm
6,5 cm
2,5 cm
6,5 cm
2,5 cm
6,5 cm
2,5 cm
6,5 cm
2,5 cm
6,5 cm
2,5 cm
6,5 cm
2,5 cm
6,5 cm

❷

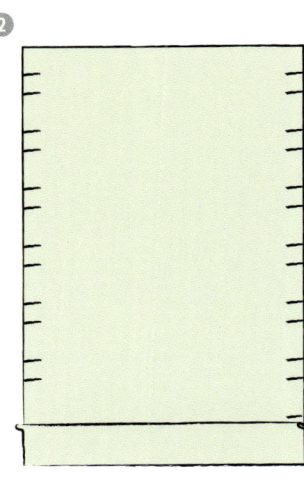

3. Den Kniff zum nächsten Markierungspaar hochschieben und an der rechten und linken Kante feststecken,
sodass die erste Falte entsteht. ❸

4. Den Vorgang am nächsten Markierungspaar wiederholen und in dieser
Weise bis zur Oberkante arbeiten.

5. Die Falten einbügeln. Sowie die Falten
fixiert sind, die Stecknadeln entfernen.

6. Die erste Bügelfalte vom Rechteck
wegfalten und ¼" (0,6 cm) von der
Bruchkante entfernt nähen. In dieser
Weise alle Falten nähen. ❹

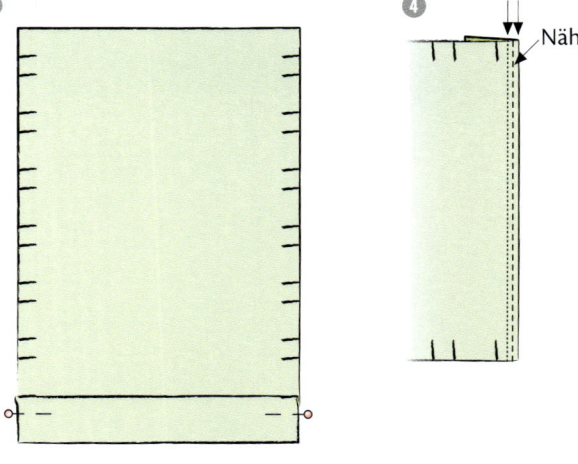

Tipp: Die genähten Falten liegen unsichtbar auf der *Innenseite*
des fertigen Kissens. Auf der Vorderseite sind nur weiche, elegante
Bruchkanten zu sehen.

7. Das Teil mit den Nähten nach unten
und den weichen Bruchkanten nach
oben auf ein 15" x 16" (38 x 40,5 cm)
großes Stück Nessel legen und durch
jede Falte eine Stecknadel stecken.
Das Kissen ringsum heften. ❺

8. Das Kissenvorderteil mit den weichen
Bruchkanten rechts auf rechts auf das
15" x 16" (38 x 40,5 cm) große grüngelbe
Teil stecken. Ringsum nähen, dabei
direkt auf der vorherigen ¼"- (0,6-cm-)
Naht steppen und an einer glatten
Kante eine 4" (10 cm) breite Öffnung
zum Verstürzen frei lassen. ❻

9. Das Kissen verstürzen, füllen und die
Öffnung von Hand mit Leiterstich schließen (Seite 91).

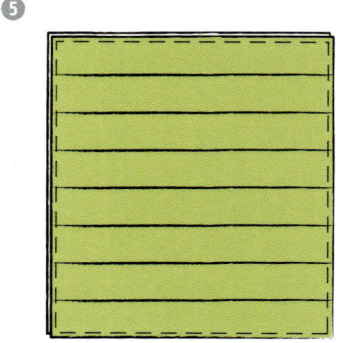

10 cm breite Wendeöffnung

Lieblingstasche

Fertigmaß: 16½" x 11½" (42 x 29 cm), ohne Tragriemen

Diese stylishe Tasche leistet unter der Woche wie am Wochenende ihren Dienst – ist sie doch von der Größe und vom Design her absolut praktisch. Sie ist der perfekte Begleiter und daher eine meiner Lieblingstaschen.

Material

Bei einer Stoffbreite von 42" (110 cm):

⅝ Yard (60 cm) großgemusterter Druck* für die Außentasche
½ Yard (50 cm) farblich passender Stoff für das Futter
¼ Yard (25 cm) türkisfarbener Stoff für die Blüte
¾ Yard (75 cm) leichte aufbügelbare Einlage
CD als Schablone für die gerundeten Ecken

Siehe „Musterrichtung" (Seite 90).

Zuschneiden

Aus dem großgemusterten Druck:
2 Rechtecke, 17" x 12" (43 x 30,5 cm)
1 Streifen, 6" x 24" (15 x 61 cm)

Aus dem Futterstoff:
2 Rechtecke, 14" x 12" (35,5 x 30,5 cm)
2 Rechtecke, 11" x 7" (28 x 17,5 cm)

Aus der aufbügelbaren Einlage:
2 Rechtecke, 14" x 12" (35,5 x 30,5 cm)

Die Tasche und das Futter nähen

Mit ¼" (0,6 cm) Nahtzugabe arbeiten.

1. An der Unterkante der beiden Außentaschenteile mithilfe der CD gerundete Ecken einzeichnen und schneiden. Die Teile beiseite legen. ❶

2. Die Einlage auf die linke Seite der 14" x 12" (35,5 x 30,5 cm) großen Futterteile bügeln. Die Ecken der Unterkanten mithilfe der CD, wie unter 1 beschrieben, abrunden und schneiden.

❶
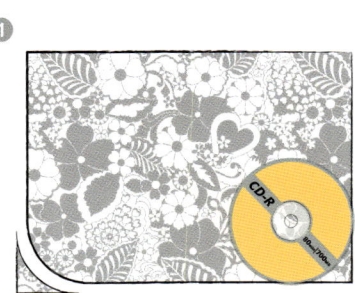

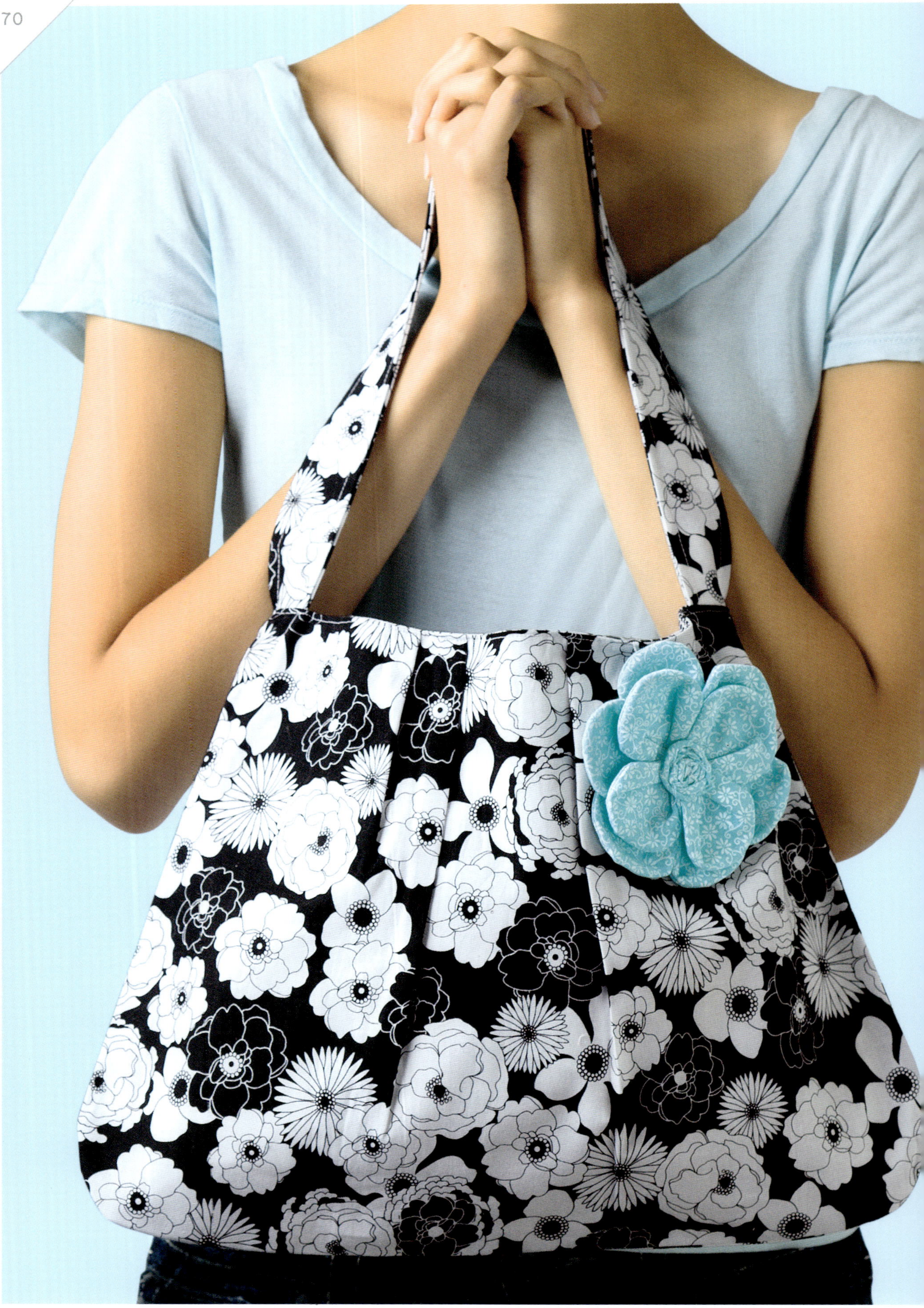

3. Zum Abschrägen der Taschenseiten auf die linke Seite eines Außentaschenteils ab Beginn der Unterkantenrundung eine Linie bis zur Oberkante, 1" (2,5 cm) von der Seitenkante entfernt, ziehen. Auf der Linie schneiden. Die andere Seite, das andere Außentaschenteil und die Futterteile genauso abschrägen. ❷

4. Für die Innentasche die beiden 11" x 7" (28 x 17,5 cm) großen Futterteile rechts auf rechts ringsum zusammennähen und an einer Längskante eine 3" (7,5 cm) breite Öffnung zum Verstürzen frei lassen. ❸

5. Die Nahtzugaben an den Ecken beschneiden, die Innentasche verstürzen. Bügeln. Die Innentasche knappkantig absteppen, dadurch wird auch die Öffnung geschlossen.

6. Die Innentasche 3" (7,5 cm) unterhalb der Oberkante horizontal und mittig auf die rechte Seite eines Futterteils platzieren. Mit ¼" (0,6 cm) Nahtzugabe um die Seiten und die Unterkante nähen, Nahtanfang und -ende verriegeln. Die Innentasche ggf. mit einer vertikalen Naht in zwei Fächer teilen. ❹

7. Die Futterteile rechts auf rechts zusammenstecken. Um die Seiten und die Unterkante nähen und an einer Seite eine 5" (12,5 cm) breite Öffnung zum Verstürzen frei lassen. Bügeln. Das Futter verstürzen. ❺

8. Die Außentaschenteile rechts auf rechts stecken und nähen. Bügeln und auf rechts wenden. Auf einer Taschenseite die Oberkantenmitte ausmessen und mit einer Stecknadel kennzeichnen. ❻

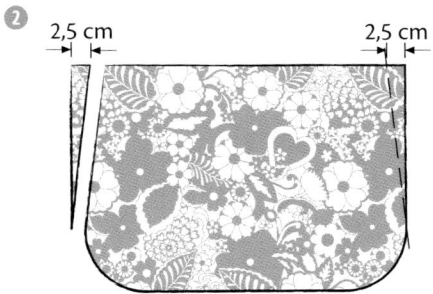

2,5 cm   2,5 cm

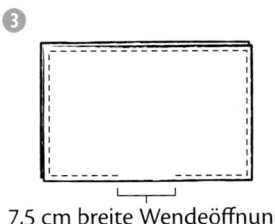

7,5 cm breite Wendeöffnung

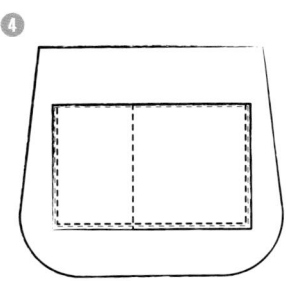

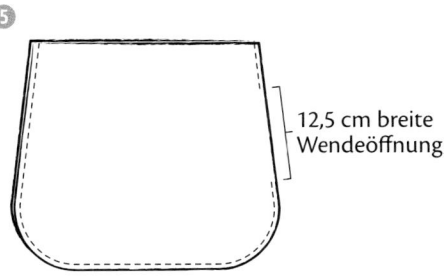

12,5 cm breite Wendeöffnung

Mitte

9. Die Oberkante wie abgebildet in nach innen gerichtete Falten legen. Orientieren Sie sich dabei an der Stecknadel. Zum Schluss misst die Oberkante von Naht zu Naht 11½" (29 cm). Die Falten feststecken. Das andere Außentaschenteil genauso falten und stecken.

10. Die Taschenoberkante heften, um die Falten zu fixieren. Die Arbeit wenden und beiseite legen.

Den Tragriemen nähen

1. Den 6" x 24" (15 x 61 cm) großen Streifen falten, bügeln und ¼" (0,6 cm) neben der Kante absteppen; siehe „Tragriemen und Träger" (Seite 93).

2. Auf dem mit der rechten Seite nach außen liegenden Futter die Riemenenden mittig auf die Seitennähte legen, dabei darauf achten, dass sich der Tragriemen nicht verdreht. Stecken. Die Riemenenden ⅛" (0,3 cm) von den Schnittkanten entfernt heften.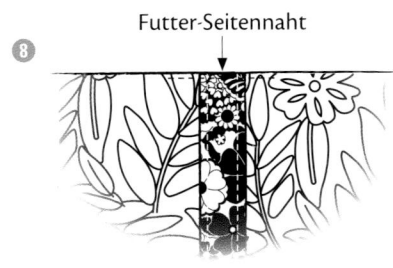

Futter-Seitennaht

Die Tasche fertigstellen

1. Das Futter rechts auf rechts so in die Tasche schieben, dass die Seitennähte aufeinander- und der Tragriemen zwischen Außentasche und Futter liegen. Die Oberkanten stecken; nähen.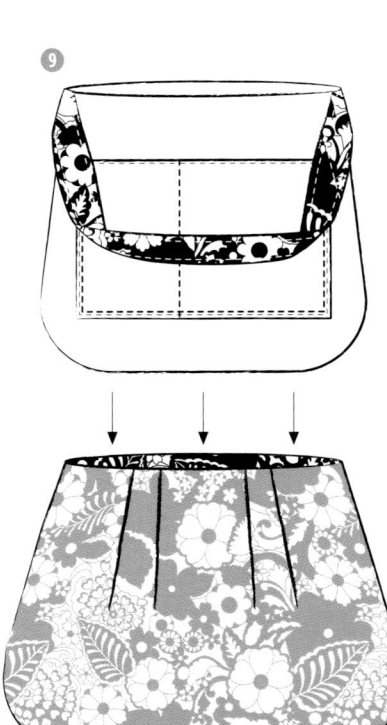

2. Die Tasche durch die Öffnung im Futter verstürzen. Die Öffnung von Hand mit Leiterstich schließen (Seite 91).

3. Das Futter in die Tasche schieben. Die Tasche ⅛" (0,3 cm) unterhalb der Oberkante knappkantig absteppen.

4. Für die Dekorblüte siehe „Blume aus gefalteten Blütenblättern" (Seite 73).

Blume aus Blütenblättern

Fertigmaß: ca. ø 4½" (11,5 cm)

Wie wär's mit einer solchen
Blume auf einer Tasche,
einem Kissen oder einem
Sonnenhut? Vielleicht zieren
Sie sogar den Tragriemen
Ihrer Kamera damit.
Wohin Sie sie auch stecken –
sie wird immer ein echter
Blickfang sein.

Material

Bei einer Stoffbreite von 42" (110 cm):

¼ Yard (25 cm) Baumwolldruck
Bleistift
Heißklebepistole und Klebesticks
Filzscheibe mit ca. ø 2½" (6,5 cm)
Broschennadel

Die Blütenblätter anfertigen

*Mit ¼" (0,6 cm) Nahtzugabe arbeiten, sofern nicht
anders angegeben. Für die Blütenblätter die Vorlage
verwenden (Seite 75).*

1. Den Stoff rechts auf rechts so zur Hälfte falten,
   dass die Webkanten aufeinanderliegen.
2. Mittels der Vorlage entlang der Schnittkanten
   10 Blütenblätter mit je ½" (1,25 cm) Zwischenraum
   aufzeichnen. ➊
3. Den Stoff gefaltet lassen, stecken und entlang
   der Konturen nähen. Die Blütenblätter mit knapp
   ⅛" (0,3 cm) Nahtzugabe ausschneiden. ➋

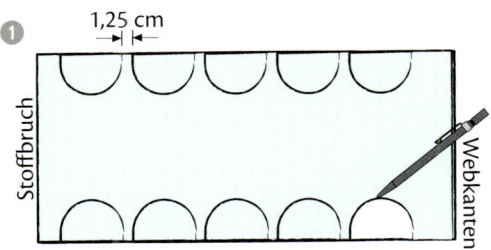

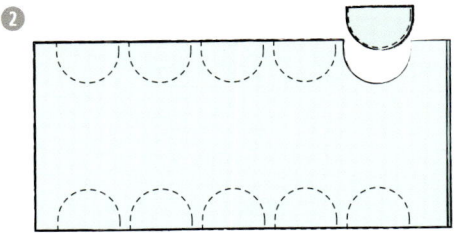

4. Die Blütenblätter auf rechts wenden und bügeln. Mit einer Stecknadel die Mitte der Schnittkanten kennzeichnen. Beidseits der Mitte eine Falte so nach innen legen, dass die Bruchkanten in der Mitte aufeinander- treffen. Die Falten stecken. Für alle Blüten- blätter wiederholen. ❸

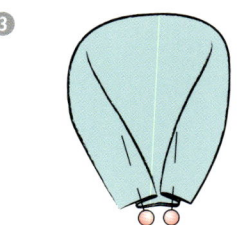

5. Die Unterkanten nähen, dabei die Steck- nadeln nacheinander entfernen. Sie sparen Zeit und Garn, wenn Sie die Blütenblätter als Kette aneinandernähen (Seite 90) und die Zwischenfäden später durchschneiden.

Die Blütenblätter aufkleben

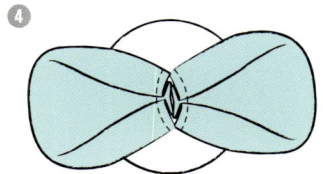

1. Etwas Heißkleber auf die Unterkante der Blütenblattrückseite auftragen und das Blatt auf eine Hälfte der Filzscheibe kleben. Das nächste Blütenblatt mit aneinanderstoßen- den Unterkanten gegen das erste kleben. ❹

2. Die nächsten beiden Blätter überlappend zwischen die ersten beiden kleben. ❺

3. Zwei weitere Blütenblätter gegenüber auf die Scheibe kleben und die untere Blüten- blattlage fertigstellen.

4. Die verbliebenen vier Blütenblätter als obere Blütenblattlage in die Zwischenräume der unteren Lage kleben. Soll die Blume voller wirken, stellen Sie einfach noch mehr Blüten- blätter her und kleben diese auf.

Die Blütenmitte herstellen

1. Aus dem Rest des Baumwolldrucks einen 1" x 10" (2,5 x 25 cm) langen Streifen zuschneiden.

2. Die Blütenmitte, wie in den Schritten 1–6 des Abschnitts „Den Blütenring anfertigen" (Seite 31) beschrieben, herstellen.

3. Etwas Heißkleber auf die Rückseite der Blütenmitte auftragen und unter kräftigem Anpressdruck in die Mitte der Blütenblätter kleben, bis der Kleber trocken ist.

4. Die Blüte auf die Broschennadel kleben.

Vorlage für das Blütenblatt

Ein Quilt für alle Tage

Fertigmaß: 39½" x 46½" (100 x 118 cm) ohne Plissee-Einfassung

Dieser einfache zweifarbige Quilt mit seiner aparten Plissee-Einfassung wird in jedem Kinderzimmer zu einem stilvollen Accessoire. Individualisieren Sie ihn noch mit einem Monogramm.

Material

Bei einer Stoffbreite von 42" (110 cm):

2⅜ Yards (235 cm) taupefarbener Unistoff für Umrandungen, Rückseite und Plissee-Einfassung

1¾ Yards (175 cm) mittelschwerer cremefarbener Stoff, bereits im Kreuz- oder einem anderen Muster mit der Maschine gestickt, für Mittelteil und Umrandungen

40" x 47" (101,5 x 119 cm) großes Stück Vlies

Zuschneiden

Aus dem cremefarbenen Stoff:
1 Rechteck, 29" x 36" (73,5 x 91,5 cm)
2 Streifen, 1½" x 39" (3,75 x 99 cm)
2 Streifen, 1½" x 34" (3,75 x 86,5 cm)
5 Streifen, 3" x 42" (7,5 x 106,5 cm)

Aus dem taupefarbenen Stoff:
2 Streifen, 2" x 36" (5 x 91,5 cm)
2 Streifen, 2" x 32" (5 x 81 cm)
2 Streifen, 1" x 41" (2,5 x 104 cm)
2 Streifen, 1" x 35" (2,5 x 89 cm)
9 Streifen, 2" x 42" (5 x 106,5 cm)
1 Rechteck, 40" x 47" (101,5 x 119,5 cm)

Das Quilttop nähen

Mit ¼" (0,6 cm) Nahtzugabe arbeiten, sofern nicht anders angegeben.

1. Den 2" x 36" (5 x 91,5 cm) großen taupefarbenen Streifen rechts auf rechts an die rechte und linke Kante des 29" x 36" (73,5 x 91,5 cm) großen cremefarbenen Rechtecks stecken. Nähen. Die Nahtzugaben zum dunklen Stoff bügeln. Die beiden 2" x 32" (5 x 81 cm) großen taupefarbenen Streifen in der gleichen Weise an die Ober- und Unterkante nähen.

2. Die beiden 1½" x 39" (3,75 x 99 cm) großen cremefarbenen Streifen an die rechte und linke Kante des Quilttops und die beiden 1½" x 34" (3,75 x 86,5 cm) großen cremefarbenen Streifen an die Ober- und Unterkante nähen.

3. Die beiden 1" x 41" (2,5 x 104 cm) großen taupefarbenen Streifen rechts und links, die 1" x 35" (2,5 x 89 cm) großen Streifen an die Ober- und die Unterkante des Quilttops nähen.

4. Die fünf 3" x 42" (7,5 x 106,5 cm) großen cremefarbenen Streifen rechts auf rechts an den Schmalseiten aneinandernähen. Daraus zwei Streifen schneiden, die rechts und links an das Quilttop genäht werden. Die Streifen für die obere und untere Umrandung genauso messen und nähen. ❶

Tipp: Messen und schneiden Sie die seitlichen Umrandungen jeweils so, dass die Naht mindestens fünf Zentimeter von einem Ende entfernt ist.

Die Plissee-Einfassung annähen

1. Die neun 2" x 42" (5 x 106,5 cm) großen taupefarbenen Streifen rechts auf rechts an den Schmalseiten aneinandernähen. Die Nahtzugaben auseinanderbügeln.

2. Ein Streifenende ¼" (0,6 cm) zur linken Seite bügeln. Den Streifen links auf links der Länge nach falten und bügeln, dabei den Streifen aufrollen, damit er leichter zu handhaben ist. ❷

3. Die Schnittkanten des Streifens und die Kante des Quilttops entlang einer Seite bündig aufeinanderlegen. Am umgefalteten Streifenende ein 1" (2,5 cm) langes Ende belassen und die Nähmaschinennadel in den Streifen einstechen. ❸

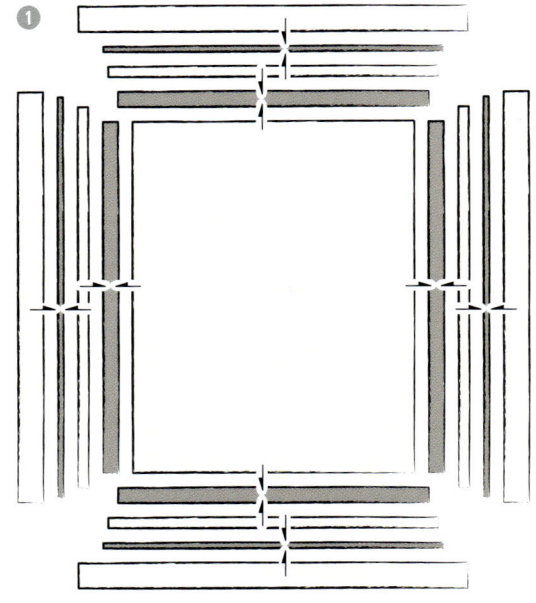

Näh- und Montageschema

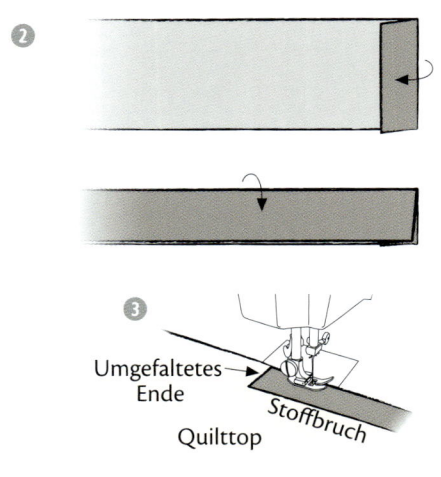

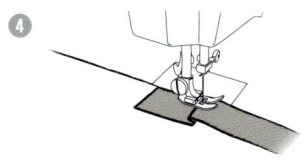

Umgefaltetes Ende
Quilttop
Stoffbruch

4. Einen Stich nähen und ¼" (0,6 cm) Stoff nach vorne unter die Nadel falten, sodass sich eine kleine Plisseefalte bildet. Nur soweit über die erste Falte nähen, dass sie auf dem Quilttop fixiert ist. ❹

5. Im Abstand von etwa 1" (2,5 cm) zur ersten Plisseefalte wieder ¼" (0,6 cm) Stoff kniffen, nach vorne falten und festnähen. Weitere Plisseefalten legen und bis zur ersten Ecke nähen. **5**

6. Die Naht ½" (1,25 cm) vor der Ecke mit Rückwärtsstichen beenden und das Quilttop aus der Maschine nehmen. **6**

7. Die nächste Plisseefalte im 45°-Winkel falten und nähen, bis die Nadel ¼" (0,6 cm) von der Schnittkante der angrenzenden Seite entfernt ist. **7**

8. Die Näharbeit bei höchster Nadelstellung drehen und direkt die nächste Falte legen. Weitere Plisseefalten legen und bis zur nächsten Ecke nähen. Die beiden anderen Ecken genauso arbeiten. **8**

9. Weitere Falten legen, bis Sie am Ausgangspunkt wieder ankommen. Machen Sie eine Falte möglichst nahe am umgefalteten Streifenende. **9**

10. Messen und markieren Sie den Streifen 2½" (6,5 cm) über diese letzte Falte hinaus. Den Quilt aus der Maschine nehmen und den Streifen an der Markierung abschneiden. **10**

Tipp: Hier gilt besonders die Regel „zweimal messen, einmal schneiden". Bei einem zu kurz abgeschnittenen Streifen hat man nicht genug Stoff für die letzten beiden Plisseefalten.

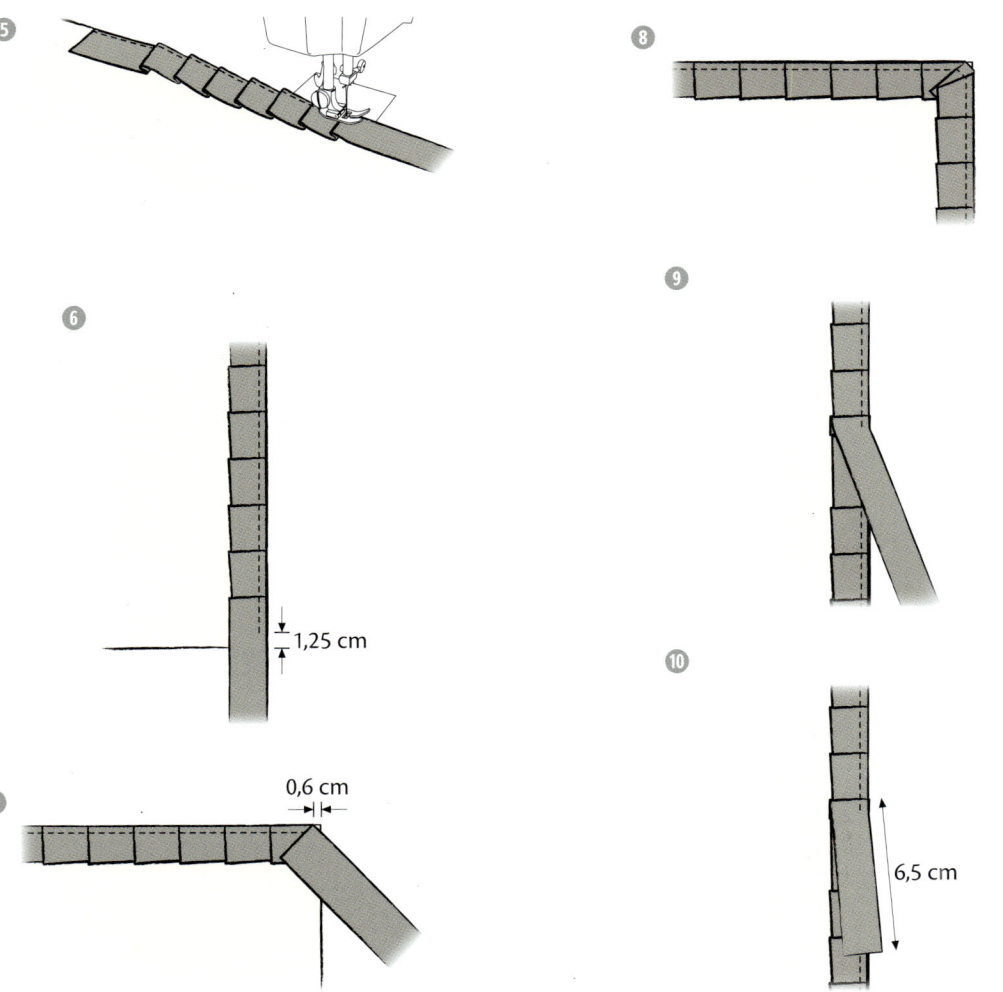

5

6

1,25 cm

7

0,6 cm

8

9

10

6,5 cm

11. Die Schnittkante ca. ¼" (0,6 cm) tief in das umgefaltete Ende schieben, sodass ein Stoffbogen entsteht. ⑪

12. Die letzten beiden Falten so gestalten, dass das umgefaltete Ende unter der letzten Falte verschwindet. (Diese Falten sind etwas knifflig.) Sind Sie mit dem Ergebnis zufrieden, nähen Sie sie fest, um die Einfassung fertigzustellen. ⑫

13. Die Falten durch Bügeln fixieren.

Den Quilt fertigstellen

1. Quilttop, Vlies und Rückseite wie folgt aufeinanderlegen: das Quilttop mit der rechten Seite nach oben legen, die Rückseite mit der rechten Seite nach unten, das Vlies darauf. Die Lagen stecken, dabei darauf achten, dass alle Kanten und Ecken bündig aufeinanderliegen.

2. Ringsum nähen, dabei die Ecken wie beim Annähen der Plissee-Einfassung schräg nähen. An einer Längskante eine 8" (20 cm) breite Öffnung zum Verstürzen frei lassen.

3. Die Nahtzugaben an den Ecken beschneiden, damit sie nicht auftragen. Den Quilt verstürzen, dabei die Nahtzugabe der Öffnung nach innen falten. Die Öffnung von Hand mit Leiterstich schließen (Seite 91).

4. ¼" (0,6 cm) neben den Kanten absteppen (Seite 93), dabei durch alle Lagen nähen. ⑬

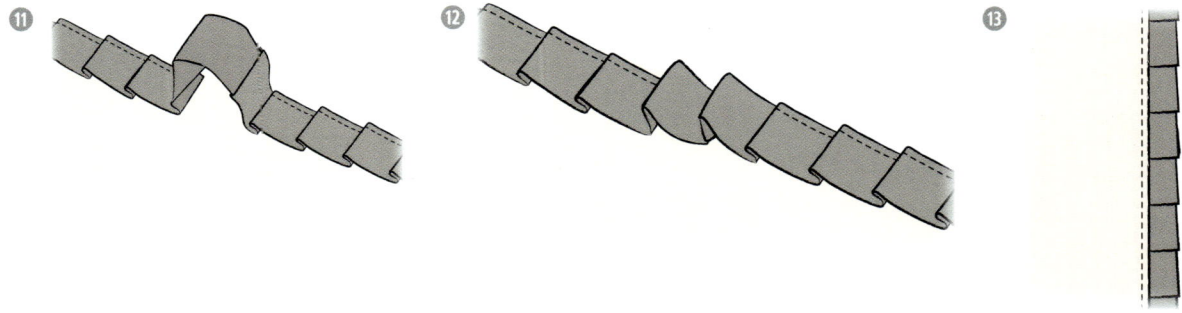

Schulmädchenrock

Größe: 104 bis 116

Mit diesem Röckchen können sich junge Damen leger anziehen oder richtig schick machen. Ich nenne ihn den Schulmädchenrock, denn meine Tochter liebt Röcke und trägt an jedem Schultag der Woche einen.

Material

Bei einer Stoffbreite von 42" (110 cm):

⅝ Yard (60 cm) einfarbiger Stoff der Qualität „Cross Weave" von Moda oder mittelschwerer Chambray*

¾ Yard (75 cm) Gummiband, ½" (1,25 cm) breit

Siehe Seite 90.

Den Rock nähen

Mit ¼" (0,6 cm) Nahtzugabe arbeiten.

1. Die Taille messen. Zu diesem Maß die Hälfte addieren, um die zuzuschneidende Breite zu erhalten. Meine Tochter hat z. B. eine Taillenweite von 22" (56 cm). Plus 11" (28 cm) ergibt das 33" (84 cm).

2. Messen Sie von der Taille bis zur gewünschten Rocklänge. Ich habe von der Taille meiner Tochter bis zu den Knien gemessen. Hierzu 1¾" (4,5 cm) addieren, um die zuzuschneidende Länge zu erhalten. In diesen Maßen ein Stoffteil zuschneiden.

3. Den Stoff rechts auf rechts an den Schmalseiten aufeinanderlegen und zu einer Röhre zusammennähen. Die Nahtzugaben auseinanderbügeln.

4. Entscheiden Sie, welche Schnittkante die spätere Rockoberkante sein soll. An dieser Kante ¼" (0,6 cm) zur linken Seite bügeln. Dann nochmals 1" (2,5 cm) zur linken Seite bügeln. ❶

❶ 0,6 cm

2,5 cm

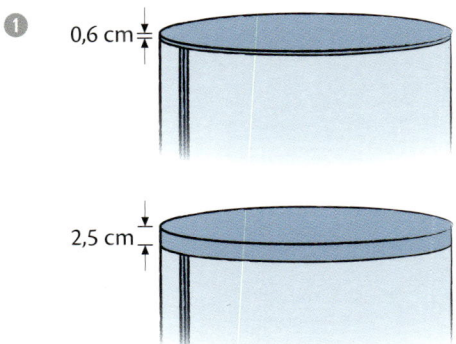

5. ¼" (0,6 cm) unterhalb des ersten Umschlags nähen, dabei eine 2" (5 cm) breite Öffnung zum Einziehen des Gummibands frei lassen.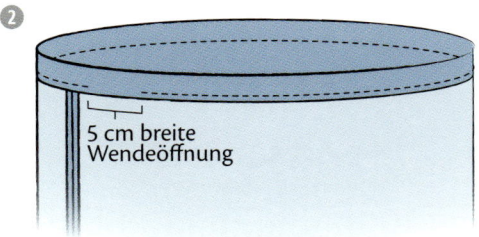

6. Das Gummiband auf die Taillenweite zuschneiden, sodass es passend, jedoch nicht zu eng sitzt. An einem Gummibandende eine Sicherheitsnadel befestigen, durch die Öffnung in den Tunnel einziehen und am anderen Ende wieder hinausführen. Die Bandenden ½" (1,25 cm) überlappend mit einer Sicherheitsnadel zusammenstecken. Den Rock dem Kind anprobieren und das Gummiband ggf. kürzen. Die Enden mit festen Stichen zusammennähen.

7. Die Öffnung mit der Maschine schließen und den Rock auf rechts wenden.

Die Plisseekante nähen

1. Aus dem Stoffrest zwei 1½" x 42" (3,75 x 106,5 cm) große Streifen zuschneiden und an den Schmalseiten aneinandernähen. Die Nahtzugaben auseinanderbügeln.

2. An einem Streifenende ¼" (0,6 cm) zur linken Seite bügeln. Den Streifen links auf links der Länge nach falten und bügeln, dabei den Streifen aufrollen, damit er leichter zu handhaben ist.

3. Die Falten, wie in den Schritten 3–5 (Seiten 78–79) beschrieben, herstellen, dabei „Quilttop" durch „Rock" ersetzen und den Hinweis auf die Ecke ignorieren.

4. Die letzten Falten, wie in den Schritten 9–13 (Seiten 79–80) beschrieben, legen und unter die erste Falte schieben.

5. Die Nahtzugaben zum Rock hin bügeln. Knappkantig durch alle Lagen absteppen.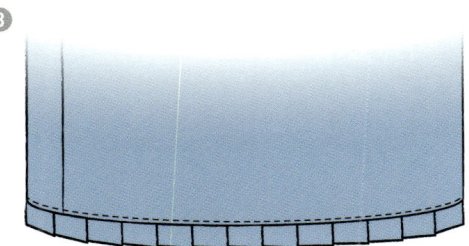

Die Blüte anfertigen

1. Aus dem Stoffrest zwei 1½" x 42" (3,75 x 106,5 cm) große Streifen zuschneiden, davon einen Streifen in der Hälfte durchschneiden (die andere Hälfte wird nicht benötigt) und an den Schmalseiten aneinandernähen. Die Nahtzugaben auseinanderbügeln.

2. Den Streifen links auf links der Länge nach zur Hälfte falten. Nochmals falten, sodass das Ende ⅜" (ca. 1 cm) breit ist.

3. Markieren Sie die Stelle, an der die Blüte beginnen soll. Ich habe sie auf die untere linke Rockvorderseite ca. 1½" (3,75 cm) von der Seitennaht und ½" (1,25 cm) von der Plisseekante entfernt genäht.

4. Den Streifen auf den Rock legen und quer über das Streifenende nähen. Den Streifen, wie in den Schritten 3–6 (Seite 30) beschrieben, zwirbeln und nähen. (Anmerkung: Sie brauchen keinen weiteren Streifen anzusetzen wie beim Kissen.)

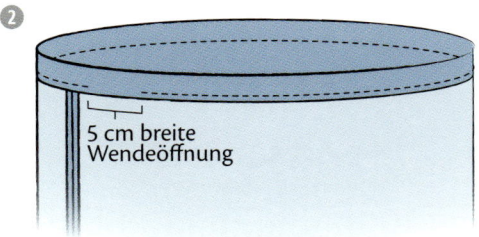

5 cm breite Wendeöffnung

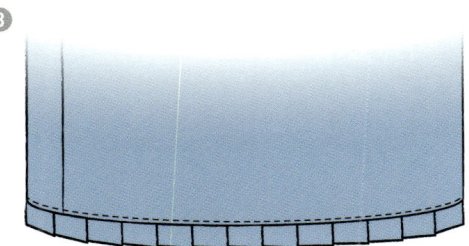

84

Praktische Tragetasche

Fertigmaß: 11½" x 14½" (29 x 36,5 cm)

Meine Tochter und ich lieben Tragetaschen. Diese hier können wir beide benutzen: Bei mir wirkt sie ganz klein, doch wenn ein kleines Mädchen darin all seine Schätze von einem wichtigen Date zum nächsten schleppt, ist sie ganz groß.

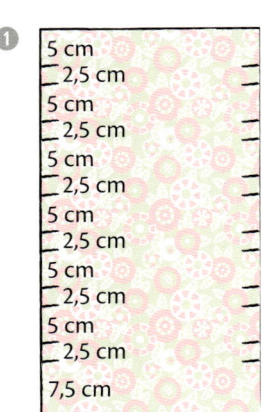

Material

Bei einer Stoffbreite von 42" (110 cm):

1 Yard (100 cm) farblich passender Stoff für Futter und Innentasche

¾ Yard (75 cm) Baumwolldruck für Außentasche und Tragriemen*

½ Yard (50 cm) Stoff für die Schleife

1⅛ Yards (110 cm) mittelschwere aufbügelbare Einlage

Auswaschbarer Stoffmarkierstift

Siehe „Musterrichtung" Seite 90.

Zuschneiden

Aus dem Außentaschenstoff:
2 Rechtecke, 12" x 21" (30,5 x 53,5 cm)
2 Streifen, 5" x 21" (12,5 x 53,5 cm)

Aus dem Futterstoff:
1 Rechteck, 12" x 29½" (30,5 x 75 cm)
1 Rechteck, 7" x 12" (17,5 x 30,5 cm)

Aus dem Schleifenstoff:
2 Streifen, 6" x 42" (15 x 106,5 cm)

Aus der aufbügelbaren Einlage:
2 Rechtecke, 12" x 15" (30,5 x 38 cm)
1 Rechteck, 7" x 12" (17,5 x 30,5 cm)

Die Taschenfalten herstellen

Mit ¼" (0,6 cm) Nahtzugabe arbeiten, sofern nicht anders angegeben.

1. Beide 12" x 21" (30,5 x 53,5 cm) großen Außentaschenteile auf der linken Seite wie abgebildet markieren. 3" (7,5 cm) oberhalb der Unterkante das letzte Markierungspaar einzeichnen. ➊

2. An der Unterkante beginnend den Stoff an den 3"- (7,5-cm-)Markierungen kniffen. Die Falten, wie in den Schritten 3–6 (Seite 68) beschrieben, falten und stecken. Das zweite Rechteck dieser Größe genauso falten.

3. Je eine 12" x 15" (30,5 x 38 cm) große Einlage auf ein Taschenteil bügeln, und zwar *auf die Seite mit den genähten Falten.* Jedes Teil ringsum ⅛" (0,3 cm) von der Kante entfernt heften.

4. Die Taschenteile rechts auf rechts und mit nach unten zeigenden weichen Bruchkanten auf der Vorderseite an den Unterkanten zusammenstecken. Mit ¼" (0,6 cm) Nahtzugabe nähen; die Nahtzugaben auseinanderbügeln. Die Arbeit beiseite legen. ❷

Das Futter nähen

1. Für die Innentasche die 7" x 12" (17,5 x 30,5 cm) große Einlage auf die linke Seite des 7" x 12" (17,5 x 30,5 cm) großen Futters bügeln. Das Teil so rechts auf rechts falten, dass es 7" x 6" (17,5 x 15,25 cm) misst. Rings um die drei Schnittkanten nähen und an einer Seite eine 3" (7,5 cm) breite Öffnung zum Verstürzen frei lassen. Die Nahtzugaben an den Ecken beschneiden. ❸

2. Die Innentasche verstürzen und die Öffnung mit Leiterstich schließen (Seite 91).

3. Die Innentasche ca. 3" (7,5 cm) unterhalb einer Futteroberkante mit dem Umschlag nach oben mittig auf das Futter legen. Die Innentasche knappkantig absteppen (Seite 93), Nahtanfang und -ende verriegeln. ❹

Die Tasche nähen

1. Die 5" x 21" (12,5 x 53,5 cm) großen Streifen falten, bügeln und ¼" (0,6 cm) neben der Kante absteppen (Seite 93).

2. Die Gesamtlänge der Außentasche messen und das Futter auf diese Länge zurückschneiden. Die Enden eines Tragriemens und eine Futterschmalseite aufeinanderlegen, dabei die Riemenaußenkanten 3" (7,5 cm) von den Seiten des Futters entfernt feststecken, die Enden auf das Futter heften. Den zweiten Riemen auf der gegenüberliegenden Seite auf das Futter heften. ❺

❷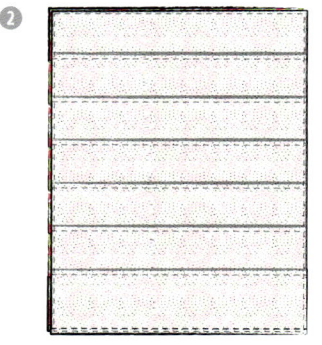

❸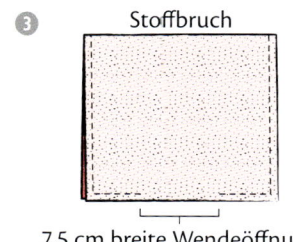
Stoffbruch

7,5 cm breite Wendeöffnung

❹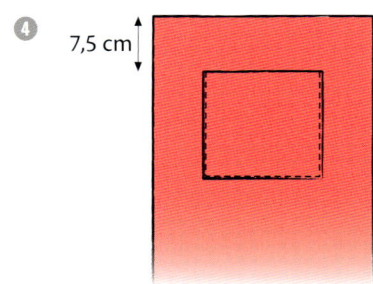
7,5 cm

❺
7,5 cm
7,5 cm

3. Die Außentasche rechts auf rechts kantenbündig auf das Futter stecken, die Tragriemen liegen zwischen den beiden Lagen. Die Teile an den Schmalseiten zu einem Stoffschlauch zusammennähen. Die Nahtzugaben auseinanderbügeln. ⑥

4. Den Schlauch so positionieren, dass die Nähte und die weichen Bruchkanten aufeinanderliegen. Die Kanten stecken. Nähen und an einer Seite des Futters eine 5" (12,5 cm) breite Öffnung zum Verstürzen frei lassen. ⑦

5. Um die Bodenecken zu nähen, legen Sie die Tasche zunächst so hin, dass eine Seitennaht am Boden mittig liegt. (Die Nahtzugaben dürfen in die eine oder andere Richtung zeigen.) 1½" (3,75 cm) von der Spitze entfernt eine im 90°-Winkel zu dieser Naht verlaufende Linie messen und markieren. Auf der markierten Linie nähen und am Nahtanfang und -ende einige Rückwärtsstiche nähen. Die Spitze bis auf eine ¼" (0,6 cm) breite Nahtzugabe zurückschneiden, damit sie nicht aufträgt. Die anderen Ecken genauso nähen. ⑧

6. Die Tasche durch die Öffnung verstürzen. Die Öffnung von Hand mit Leiterstich schließen (Seite 91).

7. Das Futter in die Tasche schieben und die Oberkante ¼" (0,6 cm) neben der Kante absteppen.

Die Schleife herstellen

1. Einen 6" x 42" (15 x 106,5 cm) großen Streifen in der Mitte durchschneiden, sodass zwei 6" x 21" (15 x 53,25 cm) große Streifen entstehen. Das eine dieser beiden Stücke wandert in die Restekiste. Den zweiten 6" x 42" (15 x 106,5 cm) großen Streifen und den 6" x 21" (15 x 53,25 cm) großen Streifen an den Schmalseiten zusammennähen. Die Nahtzugaben auseinanderbügeln.

2. Den Streifen rechts auf rechts der Länge nach zur Hälfte falten. Die Enden wie abgebildet im 45°-Winkel zurückschneiden. Die Längskanten und die Enden nähen, dabei eine 6" (15 cm) breite Öffnung zum Verstürzen frei lassen. ⑨

3. Den Streifen verstürzen. Die Öffnung von Hand mit Leiterstich schließen (Seite 91).

4. Die drei genähten Kanten knappkantig absteppen (Seite 93). Den Streifen zu einer Schleife um den Tragriemen binden.

⑥
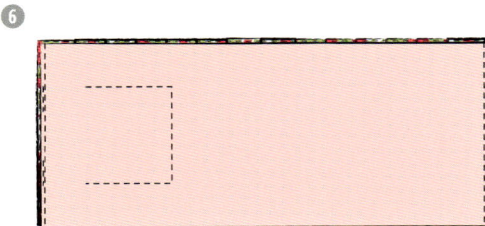

⑦
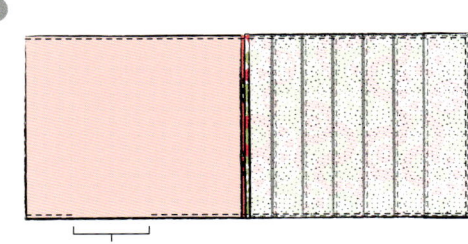

12,5 cm breite Wendeöffnung

⑧
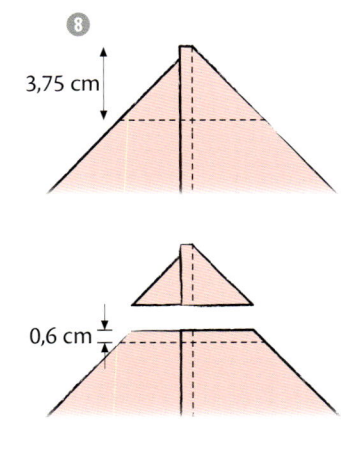

3,75 cm

0,6 cm

⑨
15 cm breite Wendeöffnung
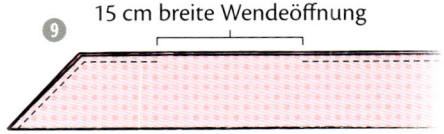

Tipps und Techniken

Sind Sie Näheinsteigerin, sollten Sie wissen, was sich hinter den bei den Modellen verwendeten Begriffen und Techniken verbirgt. Auch dem Nähprofi sei empfohlen, dieses Kapitel durchzulesen, damit sich das gewünschte Arbeitsergebnis einstellt. Im Folgenden sind sie in alphabetischer Reihenfolge aufgeführt.

Applizierstich

Ein vielseitiger Stich, mit dem im „Quilt mit Spitzendeckchen" (Seite 47) die Spitzendeckchen auf den Quilt genäht werden.

1. Eine einfache Fadenlänge in die Nadel fädeln und verknoten. Das Spitzendeckchen (oder eine beliebige Applikation) mit Daumen und Zeigefinger festhalten. Die Nadel von unten durch den Stoff des Quilttops hochstechen und durch den äußersten Deckchenrand ausstechen.

2. Die Nadel unmittelbar gegenüber der Ausstichstelle senkrecht wieder einstechen. Für den nächsten Stich sticht man die Nadel ca. ⅛" (0,3 cm) neben dem vorherigen Stich durch den Stoff und in den Deckchenrand. In dieser Weise um die Kontur nähen; den Faden zum Schluss auf der Stoffrückseite vernähen. ❶

Einfassung

Eine zweifach gefaltete Einfassung verleiht einem Quilt eine saubere, strapazierfähige Kante. Im Folgenden die Anleitung für die Einfassung des Quilts mit Spitzendeckchen (Seite 47).

1. Die 2½" (6,5 cm) breiten grauen Streifen rechts auf rechts diagonal zu einem langen Streifen zusammensetzen. ❷

2. Die Nahtzugaben auseinanderbügeln. Den Streifen links auf links der Länge nach zur Hälfte falten und bügeln.

3. Den Streifen am Anfang 8" bis 10" (20 bis 25 cm) lang überstehen lassen und die Einfassung mit ¼" (0,6 cm) Nahtzugabe an das Quilttop nähen. Wie abgebildet Briefecken formen. ❸

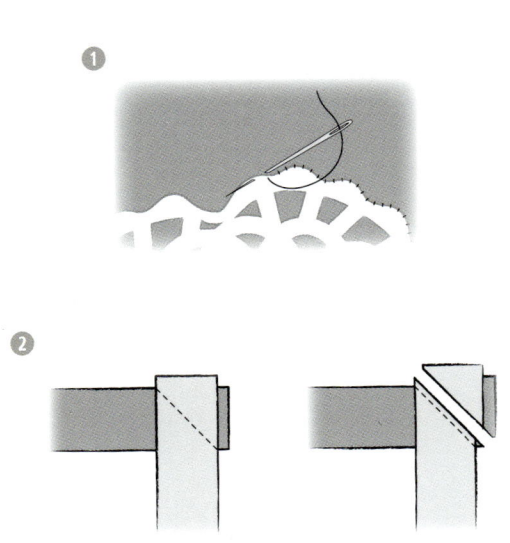

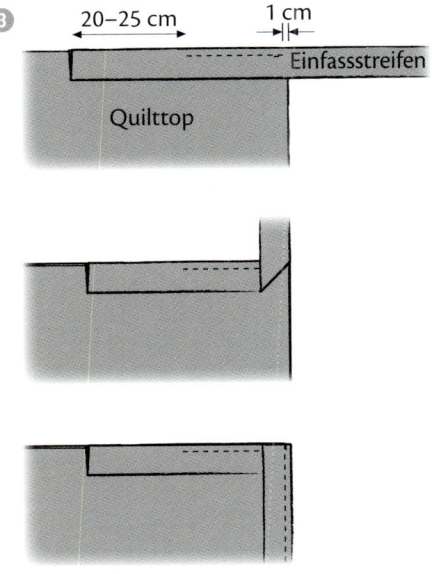

❸ 20–25 cm | 1 cm

Einfassstreifen

Quilttop

4. Ca. 12" (30,5 cm) vor dem Ausgangspunkt zu nähen aufhören und Rückwärtsstiche nähen. Das Streifenende mit dem Anfang 2½" (6,5 cm) überlappen lassen und kürzen. Die beiden Enden wie abgebildet zusammennähen und bis auf eine Nahtzugabe von ¼" (0,6 cm) zurückschneiden. Die Nahtzugaben auseinanderbügeln. Die Einfassung auf dem Quilt neu positionieren und fertig nähen. ❹

5. Die Einfassung zur Rückseite klappen und entlang der Bruchkante von Hand festnähen. dabei Briefecken formen. ❺

Kettennähmethode

Müssen Sie mehrere gleiche Elemente wie die gefalteten Blütenblätter (Seite 73) nähen, ist es effizienter, die Teile mit der Maschine in Folge zusammenzunähen, ohne den Faden dazwischen abzuschneiden oder das Nähgut aus der Maschine zu nehmen. Erst zum Schluss durchtrennen Sie die Fäden zwischen den einzelnen Teilen. ❻

Chambray

Dieses leichte bis mittelschwere, glatte Baumwollgewebe hat farbige Kettfäden (längs) und weiße Schussfäden (quer). Ähnliche Stoffe werden mitunter als „Cross Weave" bezeichnet.

Musterrichtung

Ein Druck, dessen Motive in nur eine Richtung laufen, wie Blüten auf aufrechten Stielen, hat eine sogenannte Musterrichtung. Die Teile für ein Modell wie die Praktische Tragetasche (Seite 85) schneidet man in Längsrichtung und richtet das Muster so aus, dass es auf beiden Seiten der fertigen Tasche „nach oben" verläuft. ❼

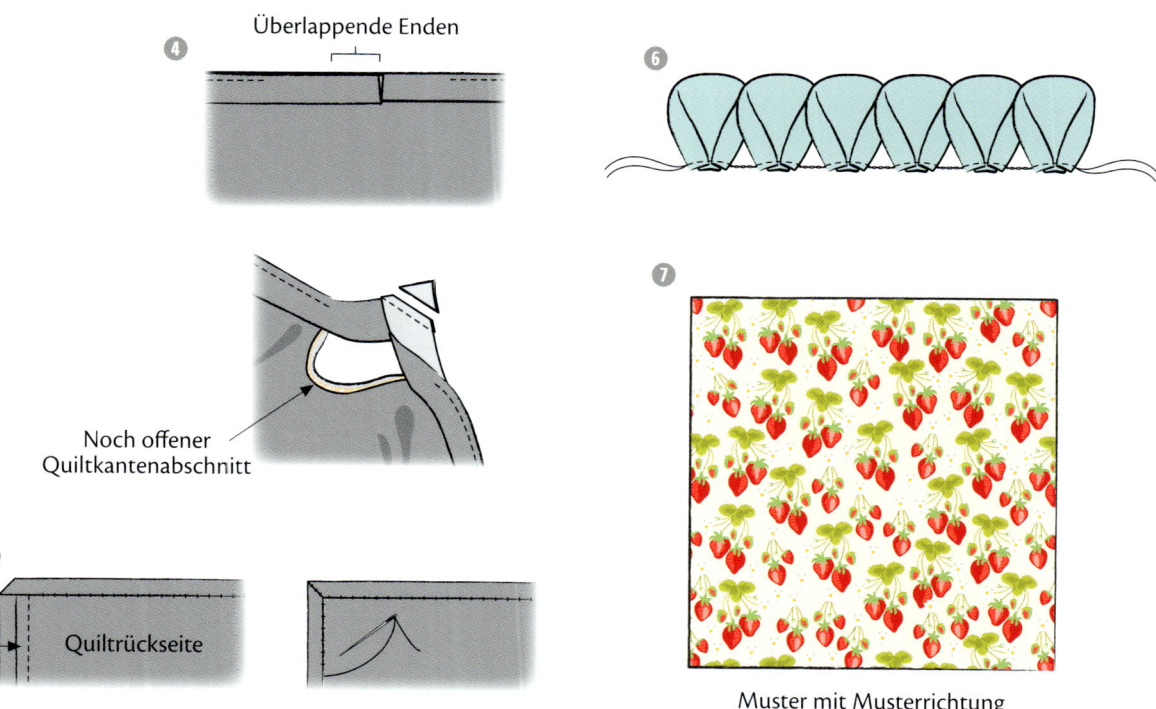

❹ Überlappende Enden

Noch offener Quiltkantenabschnitt

❺ Quiltrückseite

❻

❼

Muster mit Musterrichtung

Heißklebepistole

Dieses beliebte Werkzeug verfügt über eine oder zwei Temperaturstufen. Zu Anfang stets die höhere Temperatur einstellen und später herunterschalten. Beachten Sie, dass Heißkleber Styropor zum Schmelzen bringt. Für die Modelle Frühlingsblumenkranz (Seite 17) und Dekorative Hängekugeln (Seite 15) benötigen Sie daher eine Pistole mit Niedrigtemperatureinstellung. Tragen Sie den Kleber möglichst auf den Stoff und nicht direkt auf das Styropor auf. Weitere Tipps:

- Experimentieren Sie mit Ihrer Klebepistole, um herauszufinden, wie zügig der Kleber aus der Pistole tropft, ehe Sie mit einem Modell beginnen.
- Verarbeiten Sie stets nur einen kleinen Klecks Kleber.
- Stellen Sie die Pistole auf einem stabilen Pappteller als Abtropfschale ab.
- Seien Sie beim Arbeiten äußerst vorsichtig, um Verbrennungen zu vermeiden.

Leiterstich

Er gehört zu den nahezu unsichtbaren Handstichen und eignet sich ideal zum Schließen einer Kissenöffnung oder anderer Nahtöffnungen, durch die verstürzt wird.

1. Eine einfache Fadenlänge in die Nadel fädeln und verknoten. Am Ende der Maschinenstiche von unten durch eine der beiden Bruchkanten der Öffnung ausstechen. Am gegenüberliegenden Stoffteil in die Bruchkante einstechen und die Nadel „im Tunnel" ca. ⅛" (0,3 cm) weiter vorschieben.

2. In der gegenüberliegenden Bruchkante wieder einstechen und in dieser Weise bis zum Ende der Öffnung weiternähen. Die überquerenden Stiche ähneln den Sprossen einer Leiter. Jeweils nach einigen Stichen den Faden vorsichtig straff ziehen, damit sich die Öffnung schließt. ⑧

3. Am Ende der Öffnung einige kleine Stiche nähen, den Faden verknoten und in der Naht vernähen.

Mit der Maschine kräuseln und rüschen

In vielen der vorgestellten Modelle wird ein Stoffstreifen oder -stück mit der Maschine gekräuselt. Dazu den Oberfaden in Garnrollennähe mit Daumen und Zeigefinger festhalten, um die Fadenspannung zu erhöhen. Stellen Sie auf Ihrer Maschine die größte Stichlänge (Heftstich) ein. Sie werden sehen, dass sich der Stoff zusammenzieht. Es erfordert etwas Übung, um herauszufinden, wie fest man den Oberfaden halten muss. Probieren Sie es auf einem Rest des Stoffes mit Ihrer Maschine aus. ⑨

Wer einen Kräuselfuß hat, sollte auf jeden Fall unter Beachtung der Herstelleranweisung damit experimentieren.

⑧
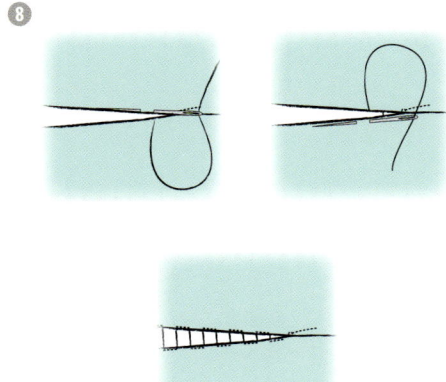

⑨

Kissenecken

Die Ecken eines quadratischen oder rechteckigen Kissens werden gerne spitz, sowie es gefüllt ist. Um das zu verhindern, näht man wie beim Modell erläutert um das Kissen herum und dreht die Arbeit an den Ecken bei eingestochener Nadel. Dann misst und markiert man 1" (2,5 cm) von jeder Ecke entlang jeder Naht und verbindet die Markierungen durch eine Diagonale. Man beachte, dass bei Modellen mit gekräuseltem Kissenvorderteil die Nahtzugaben angrenzender Seiten unterschiedlich breit sind, wodurch sich die Technik jedoch nicht verändert. Messen Sie ab der genähten Ecke einfach 1" (2,5 cm) in beide Richtungen, um die Diagonale zu markieren und zu nähen. ⑩

Nahtzugabe

Bei jedem Modell ist die Nahtzugabe angegeben, in der Regel beträgt sie ¼" (0,6 cm). Eine Nahtzugabe ist der Abstand von der hand- oder maschinengenähten Naht zur Schnittkante oder zu den Stoffkanten. Bei den meisten Nähmaschinen sind in die Stichplatte Markierungen für unterschiedliche Nahtbreiten eingraviert. Bei einem Patchwork-Nähmaschinenfuß beträgt die Nahtzugabe, wenn man ihn bündig an die Schnittkante setzt, ¼" (0,6 cm). Prüfen Sie, ob Ihr Maschinenhersteller einen Patchwork-Fuß anbietet. Der wichtigste Tipp hinsichtlich der Nahtzugaben: Immer gleichmäßig bleiben! Arbeiten Sie stets mit der gleichen Nahtzugabe, lässt sich Ihre Näharbeit einfacher zusammensetzen und sieht im fertigen Zustand besser aus. ⑪

⑩
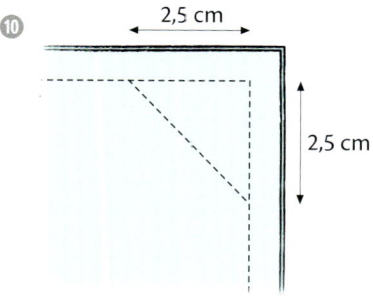

⑪
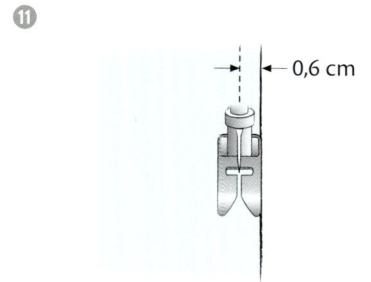

Nähte versäubern

Es gibt mehrere Möglichkeiten, eine Naht zu versäubern.

1. Nachdem man die Nahtzugaben auseinandergebügelt hat, kann man diese einzeln mit Zickzackstich mittlerer Länge und mittlerer Breite versäubern und ggf. dicht neben der Zickzackraupe zurückschneiden. Bei den meisten Modellen werden die Nahtzugaben auseinandergebügelt.

2. Man kann die Nahtzugaben auch mit Zickzackstich zusammennähen und dicht neben der Zickzackraupe zurückschneiden. Die Nahtzugaben dann zu einer Seite bügeln. Diese Methode ist zwar schneller, die Naht trägt jedoch auf.

Tragriemen und Träger

Man faltet den Stoffstreifen links auf links der Länge nach zur Hälfte und bügelt die Mittelbruchkante ein. Dann klappt man den Streifen wieder auseinander und faltet die Schnittkanten zum Bügelbruch. Den Streifen nochmals zusammenfalten, dabei die Schnittkanten einschließen. ¼" (0,6 cm) neben den Kanten absteppen (siehe unten). ⑬

Absteppen

Eine Naht neben der fertigen Kante verleiht jedem Modell ein sauberes, professionelles Aussehen. In der Regel steppt man ¼" (0,6 cm) neben der fertigen Kante ab; knappkantiges Absteppen bedeutet in der Regel ⅛" (0,3 cm) neben der Kante. In beiden Fällen stellt man die Maschine auf mittlere Stichlänge ein. ⑭

Auswaschbarer Stoffmarkierstift

Hiermit eingezeichnete Markierungen verschwinden, wenn sie mit Wasser in Berührung kommen.

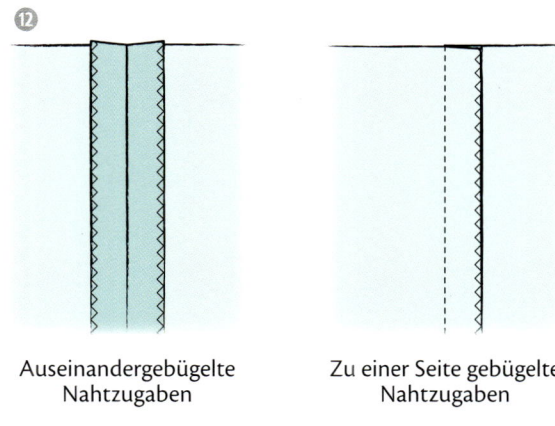

Auseinandergebügelte Nahtzugaben

Zu einer Seite gebügelte Nahtzugaben

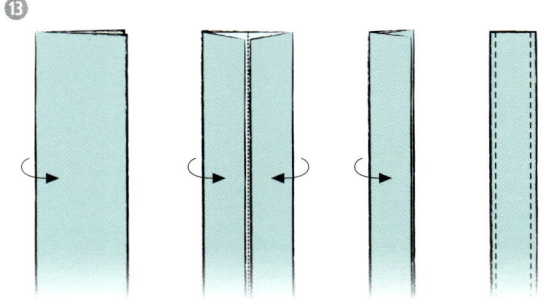

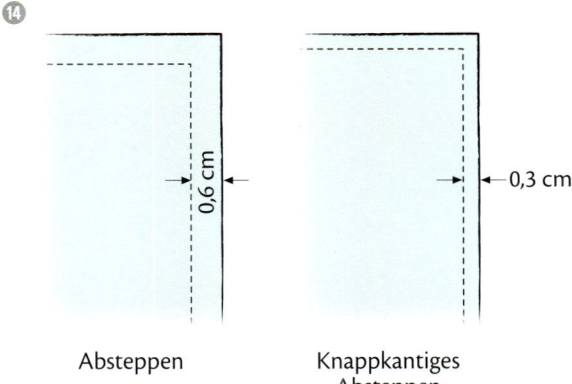

Absteppen

Knappkantiges Absteppen

Erstveröffentlichung in den USA 2012 bei
Martingale & Company
19021 120th Ave. NE, Ste. 102
Bothell, WA 98011-9511 USA
www.martingale-pub.com

Die amerikanische Originalausgabe erschien
unter dem Titel:
Make It Sew Modern – *Gather, Twist, Pleat, Texture*
Copyright © 2012 by Vanessa Christenson
Die Autorenrechte werden gewahrt.

Deutsche Ausgabe:
Übersetzung: Waltraud Kuhlmann
Lektorat: Claudia Schmidt
Redaktion: Franziska Schlesinger
Satz und Umschlaggestaltung: GrafikwerkFreiburg
Druck und Verarbeitung:
Bilnet Printing, Istanbul

Rechte der deutschen Ausgabe:
© 2013 Christophorus Verlag GmbH & Co. KG, Freiburg
Alle Rechte vorbehalten.

ISBN 978-3-8410-6240-6
Art.-Nr. OZ6240

Diese Ausgabe wurde vermittelt durch
Claudia Böhme Rights & Literary Agency, Hannover
(www.agency-boehme.com).